양종기 박사의 경제이야기 7

한국경제와 생활환경

도서출판 원

머 | 리 | 말 |

사람은 환경의 지배를 받는다. 사람은 가정환경, 자연지리 환경 및 경제생활 환경뿐만 아니라 정치사회 환경의 영향을 받는다. 환경은 사람을 만들고 사람이 환경을 바꾼다. 그리고 바꾸어진 환경이 다시 사람에게 영향을 미친다. 한국인들은 한국적인 특수한 환경의 영향을 받으며 살고 있다.

한국적인 특수한 환경이란 한반도의 분단과 함께 중국, 러시아, 일본 그리고 지리적으로 멀리 떨어진 미국 등 4대 강국 사이에 끼어 있는 상황에다가 자연지리, 정치 사회 및 생활환경 등을 포괄적으로 의미한다. 한국인은 주어진 환경에 도전하고 새로운 환경을 만들어 내고 있다.

한국은 지난 70여 년 동안 몇 번의 위기를 겪으면서도 지속적인 경제성장을 걸어왔다. 그 덕택으로 환경은 모든 것이 급격히 변화했다. 기술진보가 느렸고 경쟁이 덜 치열하던 시절, 그리고 좀처럼 변화기 어려웠던 자연지리 환경까지도 빨라진 기술 진보의 혜택으로 짧은 기간 동안 모든 것이 다른 모습으로 급속히 변모하고 있다.

여기서 파생된 다른 사회 환경도 너무 빠른 속도로 동반 변하고 있다. 개개인 한 사람들의 인식과 생각이 따라가기 힘들만큼 주변 환경이 매우 빠르게 변화하고 있는 것이다.

본서는 경제와 환경에 초점을 맞추어 상호 인과관계를 유심히 살펴보고 있다. 자연 지리 환경과 긴밀히 연계된 경제 사회 환경이 국민경제 전반에 미치는 영향과 부작용을 관심 있게 살펴보고 있다. 본서는 일관된 논리로 서술하고 있지는 않다.

필자가 각종 정보를 접하면서 환경과 경제에 관련된 글을 보고 느끼며 써 놓았던 글을 실고 있다. 부족한 면이 많이 있을 것으로 믿는다. 독자들이 널리 양해해 주기를 바라며 비판은 겸허히 받아 들이겠다.

2015년 2월
고양 풍동 사저에서

차 | 례 |

머리말

1. 한국인의 생활공간과 자연환경 ······1
2. 한국의 국토 면적 ······7
3. 한국 국토는 반도 형 산악 지형이다. ······10
4. 한국의 강수량은 지역에 따라 변동이 심하다. ······14
5. 한국은 해년마다 가마 솥 더위를 겪는다. ······18
6. 한반도 기후는 이미 아열대로 변했다. ······20
7. 한국은 매년 자연 재해에 시달린다. ······22
8. 한국의 하천과 실개천이 많이 사라졌다. ······24
9. 한국은 해마다 장마전선이 찾아온다. ······27
10. 한국은 해마다 태풍과 가뭄을 겪는다. ······31
11. 세계 및 한국의 총인구와 인구변동의 영향 ······34
12. 한국의 지역별 인구 분포 ······43
13. 경제활동인구, 노령인구, 부양인구 ······49
14. 한국 인구의 장기적인 변화 추이 ······52
15. 수도권 인구 집중과 도농간 인구 격차 ······61
16. 핵가족 규모도 감소 ······67

17. 한국의 급속한 고령화 속도 ······ 71
18. 한국 노령화의 경제적 파급 ······ 76
19. 노령화와 저출산의 경제적 파급효과 ······ 79
20. 한국은 은퇴도, 황혼도 없다 ······ 95
21. 한국의 출생자, 사망자 수와 자연인구 ······ 97
22. 한국의 도시화와 선거인 수 분포 ······ 101
23. 도시화와 생활환경 ······ 104
24. 도시화와 농촌현실 ······ 113
25. 한국의 도시화 ······ 124
26. 한국의 사업체수와 종사자수 ······ 128
27. 한국인들의 소비생활 ······ 131
28. 한국의 하천과 수로, 물 공급과 녹지 ······ 134
29. 한국의 GDP규모와 삶의 질, 복지그물망 ······ 144
30. 한국의 경제사회적 환경 ······ 148
31. 한국의 도시화와 지역개발 격차 ······ 158
32. 한국 대학출신자의 양산 ······ 169
33. 한국인의 거주모습과 소득격차 ······ 175
34. 전업주부와 가사 종사자의 급증 ······ 177
35. 핵가족 붕괴와 가족 해체 ······ 179
36. 독신 인구의 증가 추세 ······ 188
37. 한국의 수도 서울의 생활환경 ······ 190
38. 한국의 취업유형과 임금 구조 ······ 196
39. 한국의 최저임금 수준과 청년 실업 ······ 203
40. 노년층과 청년층의 소득수준과 소득세차이 ······ 212
41. 작지만 강한 국가들간 경쟁력 비교 ······ 216

42. 한국의 농업과 농촌 ······220
43. 한국의 주거환경: 과거와 현재 ······226
44. 식민지 시대이후 농업 및 임금 변화와 도시화 ······233
45. 한국의 경제성장과 고용 효과 ······245
46. 한국 여성의 삶 ······250
47. 한국의 지역 GDP, 실업 ······254
48. 지역실업과 지역총생산, 지역생활수준 ······261
49. 한국의 지역과 도시, 마을, 지역개발정책 ······273

부록 ······283

1. 한국인의 생활공간과 자연환경

최근 들어서 기후는 급격하게 변하고 있다. 지구 곳곳에서 대홍수, 자연 화재, 눈사태, 장기 건조와 사막화, 거대한 돌풍, 일중 극심한 온도차이 양극화 현상 등이 일어나고 있다.

기후 변화는 세계에서 가장 가공할 위력의 대량 살상 무기일 만큼 위협적으로 변동하고 있다. 기후의 급격한 변화는 세계 각국 경제가 자국 성장만을 부단히 추구해 온 부산물이 낳은 결과이다 선진국은 자국과 세계 각국에 공장을 세워 지속적인 경제발전을 달성하였고 지난 수세기 부단히 환경 개선에 나서면서 높은 수준의 복지국가를 정착시켰다.

그러나 개발도상국은 지난 수세기 동안 괄목한 만한 경제성장을 이룩했지만 오염을 줄이는 환경 개선에 충분한 노력을 기울이지 못했고, 선진국의 복지 수준에도 크게 미치지 못하고 있다.

한국은 높은 경제성장과 함께 경지면적이 해마다 줄고 농촌 인구도 지속적으로 감소하며 도시와 농촌의 생활환경은 극과 극을 달리는 모습으로 발전하고 있다. 유휴 면적의 증가는 농촌소득, 농촌 인구의 잠재적 증가 가능성, 농촌경제의 생산성과 효율성을 크게 떨어뜨리고 도농의 생활격차를 심화시키고 있다.

한국의 경제발전 양식은 농촌의 황폐화가 지속적으로 동반하는 생활환경으로 몰아가고 있다. 한국의 농경지 비중은 전 국토 총 2만 1216 제곱킬로미터의 21.3%를 차지한다.

도시를 벗어난 지역은 농촌 풍경이 전개된다. 한국의 농촌 풍경은 후진국 수준의 생활환경 수준을 면치 못하고 있다. 농업이 국내총생산에 기여하는 부분은 3.2%에 불과하다. 1인당 농지 면적은 134.9평으로 일본(114.2평)보다 20평가량 넓다.

농산물시장을 완전 개방하면 현재 농지 1만8005 제곱킬로미터에서 8815 제곱킬로미터로 줄어들 것으로 예상하고 있다. 국토이용률을 높이는 과정에서 생태계 보호에 도움이 되는 임야 보존은 방치한 채 자연환경은 크게 파손되었다. 한국은 농지 확보에 급급하였지만 식량의 자급자족에는 성공하지 못했다[매일경제, 2007.4.19].

한국의 농어가 가운데 농가는 124만5천 가구다. 우리나라 전체 가구

수 1598만8000가구에서 농가가 차지하는 비중은 7.7%에 달한다. 이 가운데 축산농가 비중은 7만4천 가구로 0.4%에 불과하다. 연 소득 5000만 원 이상의 축산 농가는 1만7000가구에 불과하다[매일경제, 2007.3.30].

한국의 사회 환경은 급속히 변화되고 있다. 이것은 13년째 초저출산 상태를 이어가는 상황이 단적으로 보여준다. 한국은 경제협력개발기구(OECD) 회원국 가운데 가장 오랫동안 초저출산 상태를 잇고 있다.

한국은 선진국 사회보다 변화 속도가 빠르다. 주변 환경이 급속히 변하고 의식구조와 물질 환경이 빠르게 변하고 있다. 선진국 문턱에 들어서지도 못했지만 이미 고도 성숙단계에 도달한 선진국의 모습을 닮아가는 부작용들만 많이 양산하고 있다. 한국은 일찍부터 미혼자와 이혼율이 높아지고 있고 홀로 사는 노인도 늘고 있다.

1인가구는 1985년 6.9%에서 2008년 20.1%로 대폭 늘었다. 65세 이상 노인 가구 중 독거노인가구 비율은 1990년 10.6%에서 2005년 23.2%로 2배 이상 증가했다. 사회적인 비용 부담이 초고속으로 증가하고 있다.

소득수준이 높아지고 사회 및 교육과 주변 자연환경이 급격히 변화하면서 결혼에 대한 가치관은 바람직하지 않는 방향으로 변하고 있다. 결혼 한다는 응답자는 1998년 73.9%에서 2008년 68.0%로 감소했다. 꼭 할 필요가 없다는 응답자는 같은 기간 24.0%에서 27.7%로 증가했다.

소득수준이 올라가면서 여성의 역할도 변하고 있다. 여성 배우자의 가구소득기여도는 1982년 3.4%에서 1990년 6.4%, 2000년 9.7%, 2008년 12.7%로 지속적으로 높아지고 있다. 경제활동에 대한 여성 기회와 기여가 크게 늘어나고 있지만 가족중심의 사회 분위기는 점점 더 열악해지고 있다.

한국 젊은 사람들의 결혼 연령은 30세로 세계 추세대로 따라가고 있지만 아기를 기피하는 현상은 매우 심하다. 이러한 사회 분위기는 아기를 키우고 들어가는 교육비 때문이다. 유별나게 높은 사교육비 부담은 갖가지 경제 사회적인 부작용을 낳고 있다. 한국은 결혼은 많이 하지만 아기는 가장 안 낳는 나라이다. 특히 30년 새 출산율 하락 폭은 세계 주요국 중 최고 수준이다. 2009년 기준 한국의 인구 1000명당 혼인건수인 조혼인율은 7.13건으로 34개 회원국 중 3위다. 조혼인율 1위는 터키(9.04건)였고 미국(7.31건)이 2위였다.

한국은 혼인 비율이 높은 것과 달리 출산율은 바닥이다. 합계출산율은 2010년 1.23명에 그쳐 OECD 34개 회원국 중 꼴찌다. 합계출산율은 여성 1명이 평생 낳을 것으로 예상되는 자녀수의 기대 값이다.

한국에서 아이 낳는 것을 꺼리다 보니 여성이 첫 아이를 낳는 연령도 높다. 한국의 첫 아이 출산 평균연령은 2009년 기준으로 평균 29.1세였다. OECD 평균은 27.8세다.

한국이 결혼은 많이 하면서도 아이를 낳지 않는 배경은 육아 부담이다. 육아 부담 중에서 큰 비중을 차지하는 자녀 사교육비의 경우 2011년 한해 20조1266억 원이다. 학생 1인당 연평균 288만원이었다[세계파이낸스, 2013.2.4./경제협력개발기구(OECD)/통계청; 장래인구추계].

한국사회는 물질적으로 풍요해 졌지만 한국 사람들은 거칠고 불안한 긴장을 느끼며 살고 있다. 이런 환경 탓인지 한국에는 다양한 종교들이 더 활개치고 있다. 한국은 단일민족으로서 통일된 단일종교를 가질 수 있는 환경이었지만 일찍이 외래종교를 받아들였다. 유교, 불교, 기독교, 각종 토속종교 등이 널리 펴져 있다. 특히 기독교가 토속종교와 불교를 제치고 빠른 속도로 번지고 있다.

한국 사람들은 총인구 중 절반 이상이 기독교와 불교 등의 종교를 갖고 있다. 2012년, 종교 인구는 전체 인구의 55.1% 에 달한다. 종교별로는 개신교 22.5%, 불교 22.1%, 천주교 10.1%, 기타 종교 0.5%였으며, 비종교인은 44.9%에 달했다. 한국의 기독교인은 32.6%인 셈이다[서울=연합뉴스, 장하나 기자, 2013.1.30.].

우리나라의 법과 제도는 긴 세월 동안 물량성장을 촉진하는 성장제일주의를 지원하였다. 경제성장을 주도하고 수출증대를 높이기 위해 필요한 모든 수단과 방법을 가리지 않고 동원하였다. 그 결과 풍부한 소득 물량이 늘어나면서 풍요로운 물질소비를 누리고 있다.

그러나 그 높은 성장 기간 동안 대기업과 특정 계층 및 지역은 더 빠른 속도로 성장의 과실을 따 먹었다. 소득과 부의 계층별 지역별 분배는 지속적으로 악화되었다.

국민들은 절대 가난을 물리치고 풍족하게 소비하지만 절대다수 한국인들은 불만족스러운 삶을 살고 있다. 한국의 법과 제도는 불신의 벽이 높다. 사회적 신뢰도 형편없이 낮다. 이와 같이 낮은 사회적 신뢰는 지하경제를 확산시키면서 경제성장을 가로막고 있다.

현재 한국인들이 누리고 있는 삶의 질은 소득 증대에도 불구하고 자연 환경 훼손, 부존자원고갈, 인프라구축미비, 사회 환경 등이 급속히 악화되고 있다. 너무 많은 문제들이 중첩되어 한꺼번에 나타나는 바람에 정부 정책은 늘상 미봉책으로 대처하는 악순환을 되풀이 하고 있다. 정책은 고통을 감내하면서 중장기적인 구조적 개선책으로 일관된 접근으로 매달리지 못하고 단기적 가시적 효과에 급급해 하고 있다.

2. 한국의 국토 면적

한국은 중국 만주지역과 일본 반도 사이에 위치한 반도지형(半島地形)에 속한다. 한반도 전체의 국토면적은 22만㎢ (2007년)에 이른다. 한국과 북한은 제각기 한반도의 절반 정도를 차지한다. 한국은 한반도의 남쪽에 자리 잡은 지역이다. 남한의 총 길이는 1,100 km(680 miles)에 이른다.

남한의 국토 면적은 1949년 9만3634㎢ 에서 2007년 9만9720 ㎢, 2011년 말 **10만188㎢**로 증가했다. **남한의 국토면적은 프랑스의 절반 정도 된다.**

17개 시 · 도 자체단체 가운데 **토지 면적이 가장 넓은 곳은 경북도(1만9천28㎢)**로 전체의 19%를 차지했다. **시 · 군 · 구 가운데 면적이 가장 넓은 곳은 강원도 홍천군(1천819.7㎢), 인제군(1천620.4㎢), 경북 안동시(1천521.9㎢)** 등의 순이며 가장 작은 곳은 부산 중구(2.8㎢)다.

지역	면적(㎢)	인구(명)	인구밀도 (㎢당 명)
서울 경기도	1만200	11,549,091명	1,134명
경상남도/부산	1만511	3,162,190명(03년)	300명(96년)/5,183명(03년)
경상북도/대구	885.51	276만9천명(96년)	145명(96년)/2873명(03년)
전라남도/광주	1만2천	218만5천명(96년)	183명
전라북도/전주	8060(96년)	200만5,641명	248명

한국의 토지소유 현황(2012년 말 기준)을 보면 한국인들은 10명 중 3명은 자신의 토지를 소유한다. **국내 전체 토지 면적은 10만188㎢로, 민간인 소유한 땅이 전체의 52.6%인 5만2690㎢, 국·공유지가 32.2%인 3만2256㎢, 법인은 6.5%인 6560㎢, 비법인 등 기타는 8.7%인 8682㎢였다**[조선일보, 2013.11.05/국토교통부; 2012년말 기준 토지소유현황].

지난 30년간 **도로와 법인 소유 토지는 증가**하고 **농지와 개인 토지는 감소**했다. 이는 1980년대 국토이용 및 신도시 등 개발정책, 2008년 급속한 산업단지 개발 증가 등에 기인한다. 도로는 고속도로 확충과 신도시 개발 등으로 지난 30년간 112.7%(1천577㎢), 대지는 64.2%(1천105㎢) 증가했다.

반면 산업화·도시화 영향으로 **농지는 11.8%(2천614㎢), 임야는 3%(1천912㎢)씩 감소**했다. 소유 현황별로는 민유지가 52.6%, 국유지 24.5%, 공유지 7.7%로 5년 전에 비해 각각 3.4%, 4.3%, 10.7% 증가했다[세종=연합뉴스, 서미숙 기자, 2013.5.8./국토교통부; 2013년 지적통계연보(2012년 말 기준)].

용도별로는 **농림지역**이 4만9036㎢로 절반가량인 48.9%를 차지했고, **관리지역**은 2만2844㎢로 22.8%, **녹지지역**은 1만1370㎢로 11.3%였다. **주거지역**과 **공업지역**, **상업지역**은 각각 2.2%, 0.9%, 0.3%에 그쳤다[조선일보, 2013.11.05]. 토지를 소유한 개인은 1532만 명으로 전체 인구(5095만명)의 30.1%였다.

토지소유자 가운데 토지를 많이 가진 **50만명의 토지소유비율은 55.2%**였다. 연령대별로는 50대가 27.8%의 토지를 소유해 가장 많은 땅을 가지고 있었고, 60대가 24.4%, 70대가 18.7%를 기록했다. 20세 미만이 가진 토지도 135㎢(0.3%)였다. **토지소유자가 해당 토지에 거주하는 비율**은 **서울**이 82%로 가장 높았고, **부산**과 **대구**도 각각 77.7%, 75.4%로 높았다. 반면 **강원**은 49.7%로 **토지소유자의 절반 이상이 외지인**이었다[조선일보, 2013.11.05/국토교통부; 2012년말 기준 토지소유현황].

3. 한국 국토는 반도형 산악 지형이다.

남한은 산악 지형의 반도로서 서쪽으로는 황해가 있고 동쪽으로 동해, 남쪽으로 한국해협과 동지나해가 둘러싸고 있다. **남한은 삼면이 바다로 둘려 싸여 있다.** 남한의 지형은 크게 4개의 지리적인 특징으로 나눈다. 동부 지역은 고산지대 high mountain ranges와 협소한 해안 평원 narrow coastal plains 을 이루고 있다.

서부지역은 넓은 해안평원 broad coastal plains 과 강 유역 river basins 및 구릉들 rolling hills로 구성되어 있다. 남서부 지역은 산과 골짜기 valleys가 어울려져 있다. 남동부 지역은 낙동강의 넓은 유역이 펼쳐지고 있다.

우리나라 지형은 전 국토의 70%이상이 산지(山地)로 되어 있다. 남한에 존재하는 대부분의 하천들은 길이가 짧고 경사가 급해 바다로 빨리 빠져나가 물을 확보하고 관리하기에 어려움이 많다.

우리나라의 지형구조는 동서고저(東高西低)의 지형(地形)학적인 요인으로 인해 홍수와 가뭄 등 수 재해(災害)에 아주 취약(脆弱)한 조건을 가지고 있다.

여름철 북태평양 고기압의 영향에 따른 장마와 폭우를 동반하는 태풍으로 인한 집중호우에 의해 홍수피해가 발생하고 있으며 전체 호우의 약 85%가 6~9월의 홍수기에 발생하고 있다. 연도별로는 614미리 미터(mm)에서 2,300미리 미터(mm)까지 강수량의 변화폭이 매우 큰 편이다.

한반도의 주요산맥 방향과 구조선은 크게 대한산계와 요동산계, 지나 산계로 크게 구분된다. 대한산계에는 태백 · 낭림 · 마천령 산맥이, 요동산계에는 강남 · 적유령 · 묘향 · 언진 · 멸악 · 함경 산맥이, 지나산계에는 광주 · 차령 · 노령산맥이 있다. 높은 산들은 대체로 태백산맥 · 함경산맥을 중심으로 분포한다. 최고봉은 백두산(白頭山 : 2,750m)이며, 이어 한라산(1,950m)과 지리산(1,915m)이 높은 산이다.

전체적으로는 1,500m 내외의 개마고원과 1,000m 내외의 태백산지 · 소백산지를 제외하면 대체로 500m 내외의 저산지를 이룬다. 평균고도는 482m로 아시아의 평균고도 960m에 비해 매우 낮다.

한반도는 산악지대로서 과거 풍부한 수량의 하천을 지니고 있었다. 한국의 강들은 독일처럼 강끼리 서로 연결된 수로망을 형성하지 못하고 독립된 자연 강을 유지하고 있다.

강과 호수들이 관리되지 않고 방치돼 있거나 오염된 퇴적물이 쌓여 있다. 한국의 국토는 공업화와 도시화로 난개발 되어 많은 강들의 수량이 크게 줄어들었다.

다수의 강과 하천들은 대부분 수심이 낮고 바닥을 들어내고 있다. 1. 서해로 흘러가는 강과 하천 : 임진강; 한강, 북한강, 남한강 / 금강; 동진강, 만경강, 황룡강 등 2. 남해로 흘러가는 강과 하천: 섬진강, 보성강, 영산강, 낙동강 3. 동해로 흐르는 강과 하천 : 회야강, 외항강, 태화강, 남강, 금야강, 성천강 등

한국은 프랑스나 독일처럼 평원국가 아니라 국토(國土)의 70%가 산지인 산악 국가인 점에서는 스위스와 비슷하다. 그러면서도 이탈리아처럼 길게 뻗은 반도지리적인 공간을 갖고 있다. 또한 삼면이 바다로 둘러 쌓여 있고 길게 뻗은 작은 한반도 공간에 하천들이 산재한다.

한국의 하천들은 동쪽 산지에서 서쪽이나 남쪽으로 흐르지만 대부분의 하천들이 난개발로 우기를 제외하곤 거의 메말라 있다. 한

국은 6~8월에 내리는 비의 양이 연간 강수량의 60~70%에 이른다. 하천경사가 급해 육지의 빗물이 바다로 빠져나가는 속도가 매우 빠르다. **집중 호우기에 비 피해를 예방하고 빗물을 가둬두지 못하고 있다. 호우 때 내린 비를 가뭄 때 활용하지 못하고 있다.**

조선 왕조 때부터 최근까지도 우리들은 6~8월 집중적으로 내리는 수자원을 활용하지 못하고 있다. 1990년대 이후 건설한 수계별 다목적댐과 용수 댐, 저수지 등의 수자원관리 시스템이 가뭄과 홍수를 피해를 줄이는 역할을 하고 있지만 여전히 가뭄과 홍수 피해를 줄이는데 턱 없이 부족하다. 수자원시설이 취약한 지역은 장마철만 되면 피해를 입는다. 수원이 부족한 곳은 조금만 가물어도 물 걱정 한다.

농업도 상당한 기술수준에 와 있다고 하지만 철마다 가뭄 또는 홍수로 홍역을 치른다. 농업 식량은 자급자족을 달성하지 못하고 농민들의 소득수준은 도시 근로소득과 선진국 소득수준에 비해 형편없이 낮다. 농촌의 문화생활과 복지의료 수준은 저개발국가 수준이고 기초적인 기반시설과 환경은 후진국 수준이다. 한국의 산과 하천들은 미개발지역과 무분별한 난개발지역이 혼재되어 있다.

한국의 자연환경은 전국적으로 얼마나 많은 인프라를 구축해야 하는 헤아릴 수 없는 어마어마한 대기투자수요를 기다리고 있는 것이다. 수백 년이 걸리는 대규모 인프라 투자를 기다리고 있는 것이다.

4. 한국의 강수량은 지역에 따라 변동이 심하다.

한국의 지형은 강수량의 극심한 변동 폭 때문에 가뭄과 홍수 관리에 취약한 조건이다. 토사 유출이 심하여 하상 퇴적(堆積)으로 인한 하천의 통수 단면 저하를 초래하여 풍수해 피해를 가중시키기도 한다. 또한, **하천 유량변동계수(流量變動係數) 즉 하천의 최대 유량과 최소 유량의 비는 150~400 정도로 연중 강수량이 일정한 유럽 국가에 비해 10배 이상이다.**

하천 유량변동계수는 한국 한강 170 /한국 섬진강 330 /프랑스 센강 23/ 독일 라인 강 14에서 볼 수 있는 것처럼 한국이 매우 큰 것을 알 수 있다. **이러한 기후와 지형으로 해마다 홍수 및 가뭄이 반복되고 있다.** 최근에는 지구 온난화 등에 의한 기상이변으로 더욱 심화되고 있다. 여름이면 예측할 수 없는 집중호우가 갑자기 내리거나 열대야가 점점 길어지는 양상이다.

3면이 바다로 둘려 싸인 해안의 수면이 점 점 올라가거나 온도가 높아지는 현상 등이 벌어지고 있다. 연강 수량은 약간 씩 증가하는 경향이 있으며 **1960년대 이후 연강 수량의 변동 폭이 커져 가뭄과 홍수의 크기가 갈수록 증가하는 추세다. 이 같은 현상은 기존 수자원 시설물의 용수 공급과 홍수 방어 능력을 취약하게 하는 원인이 되고 있다.** 농사철마다 가뭄 도는 홍수 홍역을 겪는다.

국가별 연평균 강수량

국가	연평균 강수량(mm/년)	1인당 강수량(mm/년)
한국	1,245	2,591
일본	1,718	5,107
미국	736	25,022
영국	1,220	4,959
중국	627	4,693
캐나다	537	174,016
세계평균	880	19,016

자료; 물과 미래, 건설교통부 한국수자원, 2007년, 매일경제, 2009.2.11

한국은 온난한(temperate) 지역으로 분류되고 있지만 여름에는 잠 못 이루는 열대야 현상(일 최저 기온이 25.7도 이상의 현상)이 점점 더 길어지고 척 열대야 현상이 상당히 빨라지고 있다. 1971~2000년 평균 열대야 일 수는 서울 6.1일, 대전 4.0일 대구 8.8일 광주 8.3일, 부산 10.2일, 서귀포 19.4일이었다. 여름에는 많은 비가 내리고 특히 장마(jangma)철에는 폭우가 자주 쏟아진다. 사시(四時)사철 하루의 온도 차이도 10도 이상 벗어나는 경우가 많다.

겨울철은 건조하고 매우 춥다. 서울의 1월 평균 온도는 -7 ℃ 에서 1 ℃, 7월의 평균 온도는 22 ℃ 에서 29 ℃ 사이다. 특히 산악지대의 경우 겨울에는 온도가 급속히 떨어진다. 겨울철 남한 지역 내에서도 남해안과 산악 내륙지방간 기온 격차가 매우 심하다.

남해안은 높은 반면 산악 내륙지방은 매우 낮다. **늦은 겨울인 2, 3, 4월에는 가뭄 현상이 자주 나타나 물 부족이나 산불 화재가 빈번하게 발생한다.** 또한 혹독한 추운 겨울이 지속되는 3개월 동안에는 수로가 꽁꽁 얼어붙을 수 있다. 특히 산간 내륙지방에 있는 수로의 경우 자주 얼어붙을 수 있기 때문에 항해에 막대한 지장을 초래할 수 있다. 경인(京仁)운하를 보더라도 한 겨울엔 수량이 부족해 결빙되는 구간이 많다.

여름철 7, 8, 9월에는 비가 집중적으로 많이 내린다. 지역에 따라서는 엄청난 비가 쏟아진다. 7월 여름 한 달 강우량이 집중적으로 내린다. 평균 강우량(降雨量)도 지역에 따라 큰 차이를 보인다. 서울 1,370 밀리미터(millimeters)에서 부산 1,470 밀리미터로 지역별 차이도 크다. 한국은 집중 호우(豪雨) 시 양동이로 퍼붓듯이 쏟아지는 거대한 폭우가 발생한다.

폭우 시, 협소한 산악지형은 난개발로 인해 곳곳이 거대한 물줄기를 형성하며 흘러내린다. 쏟아지는 수량은 가파르고 짧은 산악

골짜기를 통해 급속히 불어나면서 흐른다. 산자락의 평지대는 도시 난개발로 인해 도로로 흘러든 유량이 급속하게 하천으로 흘러 해안으로 빠져 나간다.

이와 같은 **기후와 지리적 조건으로 강한 비바람을 동반한 집중호우(typhoons)가 내리는 7월 한 달 동안 수량을 일정하게 유지하는 일, 홍수 피해를 막는 일, 수량을 보관하는 일 등이 중요한 과제로 등장했지만 수백 년의 세월이 흐르고 있음에도 불구하고 인프라 구축은 방치되고 있다.**

5. 한국은 해년마다 가마솥 더위를 겪는다.

여름이면 37도까지 치솟는 '가마솥 더위'가 기승을 부린 전국의 피서지는 몰려드는 인파로 절정을 맞는다. 하지만 폭염에 시달려 병원을 찾는 환자가 급증하며, 농작물 · 가축 관리와 전력수급에는 비상이 걸린다[전국종합 = 연합뉴스, 한무선 기자, 2013.8.7].

7일 경남 김해시 생림면 봉림리의 낮 최고기온이 전국 최고인 37.7도까지 치솟는 등 전국이 34도 안팎의 혹서를 보였다. 대구에서는 올해 들어 벌써 22일간의 열대야를 기록하는 등 '잠 못 드는 밤'이 이어지고 있다. 전국의 해수욕장을 중심으로 피서지는 인산인해를 이루고 있다. 무더위로 병원을 찾는 환자도 크게 늘었다.

지난 6월 2일부터 지난달 22일까지 폭염 때문에 응급의료기관에서 진료를 받은 온열 질환자 수는 사망자 2명을 포함, 모두 360명이다. 이는 지난해 같은 기간의 113명보다 3배 이상 증가한 것이다.

폭염은 농작물과 가축 생육에 큰 지장을 주고 있다. 전북농협에 따르면 올해 접수된 가축재해보험 피해 건수는 모두 61건으로 이 중 양계장 피해가 49건으로 가장 많았다. 영동 일부 지역에서는 폭염으로 고추와 옥수수 잎이 시들거나 타들어가 농민들이 전전긍긍하고 있다.

전력 수급에도 비상이 걸려 지자체들이 실내 냉방온도를 제한하는 등 전력 위기에 대응하고 있다. 폭염으로 인한 단전이나 정전 상황에 대비해 축산농가에 자가발전기 지원사업을 벌이는 지자체도 있다[연합뉴스, 2013.8.7 권숙희 · 손현규 · 김선호 · 장아름 · 김진방 · 강은나래 · 김근주 · 황정현 · 전지혜 · 유의주 · 이정훈 · 이우성 · 한무선].

하늘이 갑자기 어두워지더니 마치 물 폭탄이 터진 것처럼 폭우가 쏟아졌다. 시간당 30mm가 넘는 장대비가 이어지면서 경기 남부와 강원 남부에는 호우주의보가 내려지기도 했다. 철원군 군남면에는 138mm의 큰 비가 왔고 경기도 용인과 충북 제천에는 50mm가 넘는 많은 비가 내렸다. 김해시의 기온은 올 들어 최고인 39.2도까지 치솟았다. 울산시 송정동 울산공항 무인관측 장비에서는 40.3도를 기록했다[SBS, 2013.8.10].

한국은 가마솥더위를 극복할 수 있는 인프라구축과 투자실적이 지지부진하다. 정부의 인프라 투자는 언제나 임시방편에 그치고 비효율적이며, 낭비적인 곳이 많다.

6. 한반도 기후는 이미 아열대로 변했다.

한반도 기후가 이미 아열대에 속했다. 앞으로 한반도를 위협하는 최대 재난은 폭염과 가뭄이다. 2003년 유럽에서 폭염으로 3만5000명의 초과사망자가 발생했고, 2010년 '눈의 나라' 러시아에선 5만6000명이 폭염으로 사망했다. 이상기후 현상이 이미 시작됐다[청주 = 뉴시스, 연종영 기자, 2013.8.19].

가뭄도 한반도를 비롯한 동북아에선 일상적인 재난이 됐다. 문제는 가뭄화를 넘어 사막화가 진행된다는 점이다. 중국에선 해마다 여의도 면적의 6배가 넘는 땅이 사막이 된다.

한국도 올여름 전국적으로 총 500여 명의 온열 질환자가 발생했고 이 중 6명이 숨졌다. 한반도 기후가 이미 '온대성'에서 '아열대'나 '열대'로 변했다고 주장한다.

종전의 장마는 일정 기간 예측 가능한 움직임을 보였지만, 기상 이변 탓에 이젠 장마예보가 무의미할 정도로 변화무쌍해졌다. 한반도 여름 기후가 이미 아열대성으로 변했기에 장마예보가 쉽지 않다.

당시 한반도의 여름 날씨가 한반도보다 위도가 낮은 곳에 있는 중국의 남부도시 광둥과 비슷해졌다는 주장도 있다. 중국 산둥반도 남쪽에 있던 소나기성 대류운(뇌운)이 10시간 만에 서해를 건넌 뒤 한반도 중부에 산발적 · 국지적으로 영향을 준 것인데, 당시 내린 비는 아열대에서 흔히 나타나는 스콜(Squall)이었다는 주장이다. 폭우를 무조건 장마의 영향이라고 봐선 안 되는 시기가 된 것이다. [청주=뉴시스, 연종영 기자, 2013.8.19].

7. 한국은 매년 자연 재해에 시달린다.

한국은 해년마다 자연재해를 겪는다. 강한 바람을 동반한 집중 호우 시 폭풍이 거세게 불 때에는 선박 항해와 터미널 작업이 전면 정지되고 충돌 위험 사고도 매우 크다. 내륙에서 흘러나오는 쓰레기가 하천을 타고 산더미처럼 해안에 쌓인다.

폭우가 쏟아지면서 난개발 된 도시와 도시주민들에 의해 더러워진 하천으로 휩쓸려 내려가 강 하구와 바다의 해저 식물들이 빠른 속도로 황폐화 되고 있다. 전국 방방 곳곳의 하천과 호수들이 시궁창 물이나 더럽게 오염된 물이 해안으로 빠져 나가는 일이 해년마다 되풀이 되고 있다.

2013년 7월 22일 서울을 비롯한 중북부 지방에 비가 쏟아지면서, 강남역과 사당역에 침수 피해가 발생하였다. 천둥 · 번개와 함께 시간당 40㎜ 안팎의 매우 강한 비가 내렸다. 집중 호우의 영향으로 한강 수위가 올라가면서 잠수교 보행자 통행이 통제됐다. 잠수교 외에도 서울 양재천 하부도로와 청계천 산책로 전 구간이 통제됐다.

한국의 하천 주변은 풍수해로 인해 가장 많이 피해를 입는다. 풍수해는 대부분 하천 주변에서 발생한다. 하천 범람, 제방 붕괴, 하천 변 침수 등이 주요 피해 유형이다. 대표적인 피해 사례는 2002년과 2003년 재난을 들 수 있다.

2002년 집중호우와 태풍 루사 및 라마 순 등으로 인명피해 270명과 약 6조원의 피해를 입었고 복구비는 9조486억 원이었다. 2003년 호우와 태풍 매미로 인해 148명의 인명피해와 약 4조4083억원의 피해가 발생했다. 우리나라 한반도 전역은 지구 온난화의 영향으로 강수량이 많아지고 난분해성 유기물의 농도도 높아졌다. 하루 80㎜ 이상 비가 쏟아지는 폭우의 빈도가 35년간 2배로 늘어난 것이다[서울신문, 2008.12.18].

1973년부터 2007년까지 35년 동안 연평균 강수량이 꾸준히 증가했을 뿐만 아니라 1995년 이후 증가폭이 더욱 커졌다. 특히 35년간 1245㎜에 불과하던 연평균 강수량은 2000년 이후 1400㎜ 이상으로 늘어났으며,1500㎜가 넘는 해도 있었다. 계절 간 강수 불균형도 심해졌고 홍수 기간 6~9월의 강수량은 해마다 늘고 있는 반면 비 홍수 기간인 10~5월의 강수량은 감소하거나 일정한 것으로 나타났다.

8. 한국의 하천과 실개천이 많이 사라졌다.

한강과 낙동강의 하상계수(연중 최대유량/최소유량)는 각각 393, 372로 라인 강의 27배에 달한다. 월별 최대 최소 강수량 비율도 9.4로 독일의 4배가 넘는다. 한국의 강은 유량이 불규칙하여 매년 홍수 범람을 겪고 있다. 4대강 중심으로 살펴보면 다음과 같다.

한국의 4대강

	한강	금강	영산강	낙동강
유역면적	2만5953km2	9912km2	3467km2	2만3384km2
길이	494.4km	394km	138.4km	506.1km
지류	703개	486개	170개	785개
평균수심				
영월	0.94m	공주 2.57m	광주1.50m	달지 0.79m
여주	5.16m	규암 4.76m	미륵0.46m	낙동 2.78m
한강대교	7.10m	강경 2.66m	나주0.46m	삼랑진7.13m

자료; 중앙일보, 2008.12.16

우리나라 강가의 토지는 작은 비가 내릴 때에는 큰 제방(堤防)이 지켜주고 있다. 그러나 큰 홍수 때의 수위는 주변의 토지보다도 급속히 올라가기 때문에 한 번 제방이 무너지면 격렬한 물살의 습격을 받는다.

하천을 잘 정비하고 운하가 잘 발달된 독일 등 유럽 대륙의 큰 하천은 가장 지반(地盤)이 낮은 곳에서 흐르고 있고 도시의 대부분이 홍수 때의 수위보다 높은 곳에 위치하고 곳이 많다.

한국의 강은 비가 내린 후 짧은 시간에 수위가 급격히 높아진다. 그러나 라인 강 등의 유럽의 강들은 대체로 긴 물줄기를 이루고 있기 때문에 상류에서 홍수가 나더라도 그것이 하류에 밀려오기까지 며칠이 걸리고 있고 또한 체계적(體系的)인 하천관리로 잘 되고 있다.

따라서 사전에 홍수의 발생과 그 규모를 예측하기 쉽고 피난하는 데 여유가 있다. 홍수가 일어나는 시기도 우리나라에서는 여름 하절기(농번기) 등과 겹쳐지는데 비해 유럽에서는 겨울 농한기인 경우가 많아 농지가 물에 잠기더라도 피해가 그리 크지 않다.

최근 한국에는 겨울 가뭄이 계속되는 특이 현상이 자주 발생한다. 가뭄이 들면 강원도 일부 지역은 **수돗물 공급이 중단되는 사태**가 발생한다. 낙동강 지역도 **물 부족 현상이 겹치면서 강 오염 농도**

의 증가로 몸살을 앓는다. 낙동강은 2005년 이후 처음으로 배출 허용기준을 초과한 1,4-다이옥신이 검출되기도 하였다[중앙일보, 2009.1.19.]. 겨울 가뭄이 심해지면 여름 장마 기간을 기다려야 한다.

과거 1882년부터 1910년까지 가뭄이 극심했으며 특히 1901년에는 연평균 강수량이 373,6mm로 1976~2005년 30년간 연평균 강수량인 1,384mm대비 27% 수준에 불과했다. 그러나 **1950년 이후 극심한 가뭄 현상은 없었던 것이 특이 현상으로 나타나고 있다**[매일경제, 2009.1.19.]. **한국은 많은 하천을 가지고 있었지만 모든 실개천들이 무분별한 난개발로 사라진 상태이다.**

9. 한국은 해마다 장마전선이 찾아온다.

장마전선의 영향으로 경기, 강원, 전남북 등에 많은 비가 내려 야영객 고립, 농경지 매몰·침수 등 피해가 잇따랐다. 2012년 7월 15일 전북 임실 130㎜, 경기 화성 128mm, 전북 순창 복흥 122㎜, 세종시 116.5mm, 강원 태백 114mm, 전남 광주 107mm의 폭우가 쏟아졌다[전국종합 = 연합뉴스, 배상희 기자, 2012.7.15.].

장마전선의 영향으로 남서해안 지역은 시간당 강수량이 30mm를 기록하는 등 많은 비가 내렸다. 최근 장마는 국지성 호우로 일부 지역에 기습 폭우가 예상됐다[광주 = 연합뉴스, 형민우 기자, 2012.7.15./광주지방기상청].

남부 내륙지방을 중심으로 폭염특보가 내려지는 등 전국에 밤낮 없는 무더위가 연일 계속된다. 열대야는 밤(오후 6시1분부터 다음 날 오전 9시까지) 최저기온이 25도 이상인 날을 말한다. 밤사이 최저기온은 강릉이 28.7도로 전국에서 가장 높았다.

포항 27.1도, 대구 26.7도, 울진 26.1도, 동해·문산 25.6도, 대전 25.2도, 울산 25.1도 등 동해안과 남부지방을 중심으로 곳곳에서 열대야 현상이 나타났다. 대구의 기온이 36도까지 오르고 강릉·울산·전주 34도, 대전·광주 33도, 서울 32도 등 내륙지방을 중심으로 최고기온이 30도를 넘었다[연합뉴스, 김계연 기자, 2012.7.24.].

2012년 6월 동해안과 전남·경남, 제주를 제외한 전국의 강수량은 건조한 날씨가 장기간 계속되면서 평년보다 적었다. 2012년 1월 1일~5월31일 강수량은 전국 평균 304.2㎜로 평년(312.9㎜)의 93.6% 수준이었다. 3월과 4월은 강수량이 많았지만 5월 이후 이동성 고기압의 영향을 자주 받아 건조한 날씨가 많아지면서 강수량이 평년보다 적었다.

가뭄은 충남과 전북, 경기 북부, 전남, 강원도, 경북 일부 지역에서 심한 상황이다. 특히 충남과 전북은 5월까지 평균 강수량이 각각 185㎜와 196㎜로 평년의 65%와 67% 수준에 그쳐 물 부족 현상이 심했다. 다만 전국 주요 댐의 평균 저수율은 평년보다 높은 상태를 유지하고 있어 댐에서 용수를 공급받는 지역에서는 강수량 부족의 영향을 크게 받지 않았다. 북한 서해안 지역은 50년 만에 겪는 최악의 가뭄으로, 가뭄에 따른 식량 위기가 더욱 악화될 것으로 전망하고 있다[서울=연합뉴스, 조채희 기자, 2012.6.5.].

2012년 6월 104년 만의 가뭄과 때 이른 무더위가 이어졌다. 서울의 낮 최고기온은 33.6도로 이어 무더운 날씨를 나타냈다. 기상청은 폭염주의보를 발령하기도 했다. 지난달 1일부터 지난 21일까지 서울에는 예년 평균의 6%에 불과한 10.6㎜의 비가 내려 104년 만에 가뭄이 찾아온 상태다[매일경제, 2012.6.25.].

2011년 우면산 산사태 당시 하루 강수량이 연평균 강수량의 25%에 달했다. 2010년 추석 서울 세종로 사거리에 내린 비도 9월 강수량 최고치였다. 최근 한반도 강수량이 늘고 강수일수가 줄어들고 있는 추세며 한 번 비가 발생하는 게 쉽지 않은 반면 이런 상황이 발생하면 집중도는 강력해진다[매일경제, 2012.6.25.].

2012년 12월 전국에 들이닥친 추위가 서울을 기준으로 1956년 이후 가장 강력했다. **12월 초순 서울의 평균 최저기온은 영하 7.1도로 1956년 영하 8.5도를 기록한 이후 가장 낮았다.** 1907년 기상관측을 시작한 이래 **올해보다 추웠던 해는 1956년을 비롯해 1944년(영하 10.4도), 1910년(영하 8.8도), 1926년(영하 8.3도), 1937년(영하 7.2도) 등 다섯 해밖에 없다.** 서울은 열흘 중 아침에 수은주가 영하 10도 아래로 떨어진 날이 나흘이나 됐다. 12월 초순 춘천의 평균 최저기온은 영하 10.8도로 1966년 관측을 시작한 이후 가장 낮았다. 종전 기록은 1966년 영하 8.6도였다.

1969년부터 관측 기록이 남아있는 대전도 영하 6.4도로 지금까지 가장 추웠던 1981년 영하 6.3도를 밑돌았다. 광주의 평균 최저기온은 영하 2.8도로 1939년 관측 이래 일곱 번째였다. 부산은 영하 0.1도, 대구는 영하 2.7도로 각각 관측 시작 이래 13, 32위로 나타나 중부지방의 추위가 남부보다 강력했다. 서울을 비롯한 중부지방은 평균적으로 연중 가장 추운 1월 하순과 비슷하거나 조금 더 추웠다. 1월 하순 서울의 평균 최저기온은 영하 6.2도, 춘천은 영하 10.2도다 [서울=연합뉴스, 김계연 기자, 2012.12.10.].

한국은 해마다 겪는 폭염, 폭우, 강추위를 극복할 수 있는 사회기반시설과 환경을 조성할 거대한 장치수요가 대기하고 있는 형편이다. 한국은 사회기반시설과 환경조성 목적의 대기투자수요가 매우 높은 수밖에 없다. 이 같은 상황은 앞으로 선진국 수준에 이를 때까지 수백 년간 이어질지 모른다.

10. 한국은 해마다 태풍과 가뭄을 겪는다.

한국은 해마다 크고 작은 태풍을 겪는다. 2012년 제16호 태풍 산바(SANBA), 15호 볼라벤(BOLAVEN), 14호 덴빈(TEMBIN) 등 연달아 발생한 태풍 세 개가 모두 우리나라를 방문하는 진기록이 수립됐다. 태풍에 대한 관측기록이 남아있는 1904년 이후 이런 일은 처음이다. 기상청에 따르면 1993년 제5호 오펠리아(OFELIA)와 6호 퍼시(PERCY), 7호 로빈(ROBYN)이 우리나라에 나란히 영향을 미치긴 했다. 그러나 오펠리아의 경우 일본에 상륙해 우리나라가 직접 영향권에 든 것으로 보기는 힘들다.

1976년에는 제11호 윌다(WILDA)와 12호 아니타(ANITA), 13호 빌리(BILLIE)가 우리나라에 영향을 줬지만 한반도에 근접할 당시 윌다와 아니타는 열대저압부, 빌리는 온대저기압 상태여서 '태풍'의 자격이 없었다. 태풍 산바(SANBA)는 또 올해 들어 네 번째로 한반도 땅을 밟은 태풍으로 기록됐다. **한 해 4개의 태풍이 한반도에 상륙한**

것은 1962년 이래 50년 만이다[서울=연합뉴스 김계연 기자, 2012.9.17.].

지난 7월 카눈(KHANUN)이 수도권을 관통하면서 올해 들어 한반도에 처음 상륙한 태풍이 됐다. 카눈은 1995년 재니스(JANIS) 이후 서울에 가장 근접한 태풍으로도 꼽혔다. 지난달에는 볼라벤이 북한 황해도 지역에 상륙한 데 이어 뒤따르던 덴빈 역시 전남 해안으로 올라와 내륙을 가로질렀다. **4개 이상의 태풍이 한반도에 상륙한 해는 찾기가 쉽지 않다. 가장 가까운 해는 조안(JOAN)·노라(NORA)·오팔(OPAL)·에이미(AMY)가 나란히 상륙한 1962년이다.** 이들은 하나같이 서해안으로 상륙해 동해로 진출한 기록도 갖고 있다. 1933년과 1925년, 1914년에도 4개의 태풍이 한반도에 상륙했다.

역대 태풍이 가장 많이 상륙한 해는 1922년으로 모두 5개가 한반도 땅을 밟았다. 지난 7월 제주도와 남해안에 영향을 미친 담레이(DAMREY)를 포함하면 올해 들어 모두 5개의 태풍이 우리나라에 영향을 줬다. 평년에는 3.1개의 태풍이 우리나라를 영향권에 둔다. 올해 발생한 태풍은 산바까지 모두 16개로 평년과 비슷한 수준인데도 우리나라를 비교적 자주 찾는 이유는 북태평양 고기압이 세력이 유난히 강하기 때문이다.

2009년에는 겨울 가뭄이 계속되는 특이 현상이 자주 나타났다. 가뭄이 들면 강원도 일부 지역은 수돗물 공급이 중단됐다. 낙동강

지역도 물 부족 현상이 겹치면서 강 오염 농도의 증가로 몸살을 앓았다. 낙동강은 2005년 이후 처음으로 배출 허용기준을 초과한 1,4-다이옥신이 검출되기도 하였다[중앙일보, 2009.1.19].

겨울 가뭄이 심해지면 여름 장마 기간을 기다리는 것도 과거와 별로 달라지 않았다. 과거 1882년부터 1910년까지 가뭄이 극심했으며 특히 1901년에는 연평균 강수량이 373,6mm로 1976~2005년 30년간 연평균 강수량인 1,384mm대비 27% 수준에 불과했다. 그러나 1950년 이후 극심한 가뭄 현상은 없었던 것이 특이 현상으로 나타나고 있다[부경대한경대기과학과, 변희룡 교수, 매일경제, 2009.1.19.].

국가별 연평균 강수량

국가	연평균 강수량(mm/년)	1인당 강수량(mm/년)
한국	1,245	2,591
일본	1,718	5,107
미국	736	25,022
영국	1,220	4,959
중국	627	4,693
캐나다	537	174,016
세계평균	880	19,016

자료; 물과 미래, 건설교통부 한국수자원, 2007년, 매일경제, 2009.2.11

11. 세계 및 한국의 총인구와 인구변동의 영향

세계 인구는 2010년 기준 69억870만 명이다. 전 세계 237개 국가 중 중국 13억5410만 명, 인도 12억1450만 명, 미국 3억721만 명, 브라질 1억9천873명, 일본 1억2천707만 명이다.

중국, 인도, 미국, 인도네시아 등 4대 국가의 총인구는 세계인구의 45.3%를 차지한다. 나머지 66개국 전체의 총인구는 세계 총인구의 0.8%에 불과하다. 세계 인구 68억9600만 명 중 아시아 거주 인구는 41억6400만 명(60.4%)이다. **우리나라의 총인구는 2010년 기준 4천9백2십2만 명(0.7%)으로 세계 25위이고, 인구밀도는 1㎢당 486명이며 도시국가인 대만(640명) 등 소규모 섬 국가를 제외하면 방글라데시(1033명)에 이어 세계 2번째로 높다.**

한반도 인구는 1639년 1백5십5만 명에서 1945년 2천6백만 명으로 306년 동안 16.8배 늘었다. **남한의 인구는 1944년 1천5백9십만 명**

에서 2010년 4천9백2십2만 명으로 66년 동안 3배 정도 불었다. 세계인구 중 한국의 인구 비중은 0.7% 이고 국가별 순위로는 26위다. 한국은 1949년 2.019만 명에서 1967년 3.000만 명, 2008년 4.860만 7.000명으로 한국전쟁 발발 직전보다 2.4배가 늘어났다.

2010년 남한인구는 4850만 명(26위), 북한은 2400만 명(49위)이고 남북한 총인구는 세계에서 19번째이고 주요 20개국(G20) 회원국에서는 5번째로 많다[연합뉴스, 2010.11.3].

G20 중 신흥국들은 매년 인구가 급증하는 반면 선진국들은 저출산과 고령화로 인구 증가가 느리게 증가했다. 이런 인구 순위는 2015년까지 변하지 않을 것이며 오히려 2015년이 되면 중국 13억7천529만 명, 인도 12억9천924만 명, 한국 4천967만 명으로 G20 회원국 가운데 인구 순위 15위 자리를 유지할 것으로 본다.

2012년 세계 총인구 70억 명 중 우리나라 인구는 4860만 명이다. 하지만 **우리나라 합계출산율[1]은 1.4명으로 여전히 세계에서 최저 수준이다**[서울=뉴시스, 정옥주 기자, 2012.11.14./인구보건복지협회, 유엔인구기금(UNFPA)의 공동 발간 2012 세계 인구현황].

1) 합계출산율은 가임 여성이 평생 낳을 수 있는 자녀 수

전 세계 합계 출산율은 2.5명으로 지난해와 동일했다. 선진국 평균은 1.7명, 개발도상국이 2.6명, 저개발국이 4.1명으로 가난한 나라일수록 출산율이 높았다. 우리나라의 합계출산율은 1.4명으로 189개국 중 175위를 기록해 최하권에 머물렀다.

세계 평균 수명은 남성과 여성이 각각 67.1세와 71.6세였다. 우리나라의 평균 수명은 남성이 77.3세로 26위를 차지했고 여성은 84세로 8위였다. 이는 선진국 평균인 남성 74.6세와 여성 81.3세 보다 높은 수준이다. 반면 북한은 남성이 65.9세, 여성 72.1세로 각각 117위에 그쳤다.

우리나라의 1000명당 5세 미만 사망률은 4.7명으로 오스트리아, 아일랜드에 이어 가장 낮은 수준을 보였다. 북한의 영아사망률은 31.8명 이었다[서울=뉴시스, 정옥주 기자, 2012.11.14./인구보건복지협회, 유엔인구기금(UNFPA)의 공동 발간 2012 세계 인구현황].

지구촌 인구의 증가는 **출산율 감소, 경제발전과 삶의 질 향상 등으로 평균 수명이 늘어나고 영아 사망률이 크게 떨어진 결과이다. 앞으로 세계 인구가 2050년에 90억 명으로 늘고 2070년에 100억 명으로 최고점을 찍은 후 급속히 감소할 것으로 예상한다.** 현재 인류 전체 인구의 약 50%가 24세 이하며 **청년층에 속하는 20~39세 인구는 세계 인구의 31.21%를 차지하고 있다**[경향신문, 2011.10.31./유엔인구기금(UNFPA)].

세계 인구는 매우 빠르게 증가했지만, 앞으로 서서히 줄어들 것으로 전망한다. 미국, 유럽, 일본 등 선진국을 중심으로 출산율 저하가 지속되기 때문이다. **현 인구 수준을 유지하기 위해 필요한 출산율은 2.2~2.3명으로 남녀가 부부를 이뤄 자년 두 명 이상은 낳아 주어야 인구의 자연 감소가 일어나지 않는다. 또한 출산율이 낮으면 인구가 점차 고령화돼 노인을 부양하기 위한 근로인구가 감소하면서 국가 재정에 악영향을 미친다.** 하지만 현재 75개국의 출산율이 2명 이하로 나타났다.

미국의 출산율이 2.01명, 영국은 1.94명, 일본은 1.37명이며 한국은 1.1명으로 경제개발협력기구(OECD) 34개국 가운데 최악의 출산율이다. 앞으로 세계 인구는 계속 2100년 100억 명으로 늘어나는 것을 고려할 때 인구증가율은 낮아지지만 총인구수는 당분간 증가할 것으로 본다[아츠뉴스, 2011.10.31].

급속한 세계 인구 증가는 세계 인구를 먹여 살릴 식량 공급, 주택 제공, 의료 지원 등에서 심각한 문제가 일으킬 것이다.

2050년까지 새로 늘어날 23억 명의 인구 가운데 상당수가 빈곤가기아의 위험에 처할 가능성이 크며 인구 증가로 인한 환경 악화도 이미 진행되고 있다[유엔, 뉴시스, 2011.10.16, 영국 데일리 메일].

인구 규모와 인구구조는 한 나라의 잠재성장능력과 국가 경쟁력, 복지 향상 등을 결정하는 중요한 요소이다. **지연인구 성장률의 하락, 급속한 고령화 증가와 출산율의 하락, 유소년인구의 감소 추세 등은 미래의 경제성장과 발전을 불안하게 요소들이다.**

특정 지역의 급속한 인구 증가와 편중 현상은 해당 지역 인구를 먹여 살릴 식량 공급과 주택, 교통, 수돗물, 오락시설 등 인프라 구축 제공, 보건 의료 지원, 복지 지원 등에서 심각한 문제가 일으킨다.

우리나라 국민들은 전체 인구의 절반 이상이 서울 수도권의 지리적인 공간에서 생활한다. 여기에 부산, 울산, 창원, 구미 등 소위 공장밀집지대를 포함하면 **한국 국민들은 전체 인구의 80% 이상이 서울, 수도권, 부산, 울산 등 소수 특정 지역에서 생활한다.**

우리나라는 성장제일주의 추구로 13위 경제대국에 들어가긴 했지만 극심한 지역 불균형 발전을 양산한 공간구조는 지구상에 한국밖에 없다. 이런 발전 양식은 한국이 유일무이한 나라이다. 이 아름다운 금수강산이 파행적인 공간으로 몰아가고 있는 것이다.

정부는 그 동안 소수 특정 공간에 4천7백만의 인구를 몰아 놓고 치열한 생존경쟁을 벌리게 하는 지역개발 집중화를 지속하는 정책 실패만을 되풀이 하고 있다. **특정 지역으로 몰아넣는 개발정책이**

경제, 사회, 문화, 행정, 환경 등 여러 분야에 많은 부작용을 낳고 있다.

환경은 인간의 성격 형성을 지배한다. 환경은 사고방식을 결정짓는 중요한 요소다. 정부의 편향적인 개발정책 집중이 낳은 부작용은 한국 국민들의 사고와 성격까지 부단히 왜곡시키고 있다.

한국의 총인구수가 정체되면서 편중된 인구 분포의 확산 즉 서울, 수도권의 지속적 인구 증가는 토지와 물의 부족을 유발할 수 있고 부자들과 경쟁할 수 없는 빈곤층에 큰 타격을 가져온다.

서울, 수도권 유입인구의 증가는 지역주민들의 식량 공급과 주택 제공, 의료 지원, 행정 및 교통 등의 공공 서비스 공급, 기초적인 사회간접자본시설의 현대화 차질 등에서 만성적인 문제를 야기할 것이며 편의시설과 예산을 서울 수도권 집중시키는 땜질식 행정의 악순환을 초래할 수밖에 없다.

▪ 한국 인구의 구조 변화

한반도에서 남한의 인구는 2008년 10월 1일 현재 4천7백여만 명이고 북한의 인구는 2천400여만 명이었다. 2013년 기준 남한에서는 국내 여성 인구가 사상 처음 전체 인구의 절반에 도달했다.

한국의 인구밀도는 487 평방킬로미터로 세계 평균의 10배에 달한다. 서울의 인구밀도는 한국 평균 인구밀도를 수십 배에 이른다. 이러한 서울 수도권의 인구 집중은 많은 부작용을 유발하고 있으며 경제성장의 발목을 잡고 있는 요인이 되고 있다.

한국의 총인구와 인구증가율 및 인구밀도

연도	인구 (천명)	인구증가율(%)	밀도(명/ km²)
1960	25,012	3.00	
1970	32,241	1.99	328.2
1971	32,883	1.89	334.7
1972	33,505	1.78	340.2
1973	34,103	1.73	345.3
1974	36,692	1.70	351.0
1975	35,281	1.61	357.1
1976	35,849	1.57	362.8
1977	36,412	1.53	368.3
1978	36,969	1.53	373.6
1979	37,534	1.57	379.3
1980	38,124	1.57	385.1
1981	38,723	1.56	391.1
1982	39,326	1.49	397.1
1983	39,910	1.24	402.8
1984	40,406	0.99	407.7
1985	40,806	1.00	411.6
1986	41,214	0.99	415.6
1987	41,622	0.98	419.5

1988	42,031	0.99	423.5
1989	42,449	0.99	427.6
1990	42,869	0.99	431.8
1991	43,296	1.04	436.0
1992	43,748	1.02	440.5
1993	44,195	1.01	444.7
1994	44,642	1.01	449.1
1995	45,093	0.96	454.3
1996	45,525	0.94	458.4
1997	45,954	0.72	462.4
1998	46,287	0.71	465.6
1999	46,617	0.84	468.8
2000	47,008	0.71	472.6
2001	47,676	0.80	479.0
2004	48,294		
2010	49,220	0.40	509.0
2018	49,930		
2020	52,358	0.10	527.0
2026	49771		

주 : 외국인 포함
자료 : 통계청, 한국통계연감(2000), 한국주요경제지표(2002.3)

2000년대 들어서 자연 인구증가율이 급속히 떨어지고 있다. 앞으로 지금 같은 낮은 출산율이 유지되면 2100년 우리나라 인구수가 절반으로 줄고, 또 400년이 지나면 거의 사라질지 모른다고 예측한다. 특히 생산연령층의 감소세가 두드러져 2030년쯤이면 마이너스 성장을 예측하기도 한다[강성원 수석연구원, 삼성경제연구소 연구 보고서, 2010.4].

우리나라의 합계출산율은 2008년 기준으로 1.19명으로 9년 전인 1999년 1.41명과 비교해 빠른 속도로 하락한 것이다. 경제협력개발기구(OECD) 평균을 훨씬 밑도는 합계출산율이 유지되면 2100년 남한 인구는 2천468만 명으로 올해 인구(4천887만 명)의 절반으로 줄어든다.

고령화가 빠르게 진행되고 25~54세 생산가능인구가 올해부터 감소하기 시작하면 2050년에는 올해의 54%에 불과한 1천298만 명으로 줄어든다. 낮은 출산과 고령화의 영향으로 2029년부터 경제성장률이 마이너스 전환해 계속 하락할 것으로 예상한다. 이는 청년 인구의 감소와 함께 고령자 관련 재정지출이 늘어나게 되므로 앞으로 경제 성장은 매년 지속적으로 감소할 가능성이 높다.

12. 한국의 지역별 인구 분포

한국의 지역별 인구구조를 보면 서울·인천·경기 등 수도권 지역은 다른 지역에 비해 상대적으로 매우 조밀하다. 반면 강원도, 호남 지역은 상대적으로 홀쭉한 인구분포를 띠고 있다. 이러한 현상은 도시와 농촌의 인구분포에서 더욱 더 두드러지게 나타난다.

광역시도 인구를 보면 경기 1,127만 명(23.4%), 서울 970만8,000명(20.1%), 부산 340만3,000명(7.1%), 경남 315만4,000명(6.5%), 인천 263만8,000명(5.5%)의 순이다. 이들 광역시도의 누적 인구수는 전체 인구의 62.6%를 차지한다[한국일보, 2010.12.28].

서울 인구(21.4%)는 10년 전 경기(19.5%)를 앞섰지만, 2005년에 역전됐고 그의 격차는 더욱 벌어지고 있다. 인천인구는 5년 전 5.4%에서 5.5%로 높아졌다. 서울시 유출 인구를 경기·인천 지역이 흡수하면서 수도권 집중화가 계속 진행되고 있다.

옛 신도시에서 새로운 신도시 및 대형주거도시가 개발되면서 탈(脫)서울현상과 함께 수도권 비중이 계속 늘고 있다. 수도권 인구는 2000년 46.3%, 2005년 48.2%, 2010년 49.0% 등으로 꾸준히 확대되었다.

수도권의 경우, 지난 5년간 인구가 증가한 곳은 수원 106만5,000명, 경기 성남 95만1,000명, 서울 송파구 64만1,000명, 경기 화성 18만9,000명, 경기 용인 16만3,000명이나 늘어난 반면 서울 성동구·서대문구(-3만4,000명)는 감소했다.

호남 인구는 두드러지게 감소하고 있다. 전남인구는 2000년 4.3%에서 2010년 3.6%로 대폭 낮아졌다. 전북도 같은 기간 4.1%에서 3.6%로 줄었다. 부산(7.9% → 7.1%), 경북(5.9% → 5.4%), 대구 서구(-3만3,000명)의 인구도 감소하면서 인근 중소도시들이 흡수하고 있다. 경남 창원시(106만3,000명), 울산 울주군(18만8,000명)이 가장 많이 흡수하고 있다.

우리나라의 총 인구의 절반이 수도권에 거주한다. 우리나라 수도권 인구는 2361만 명으로 총인구의 49%를 차지했다. 수도권으로 몰리는 인구집중 현상은 서울시 유출 인구를 경기·인천 지역이 흡수한 탓이다. 특별시와 광역시 인구는 2224만 여명으로 지난 2005년보다 9000명이 줄어들었고 비중은 46.1%를 차지했다.

한국경제가 급속히 성장하면서 많은 인구를 흡수했던 서울. 인천 지역은 세계 도시 가운데 6번째로 인구가 밀집돼 있는 지역으로 변모했다. **서울. 인천 지역은 총면적 1천49㎢에 1천750만 명이 거주, 인구밀집도가 ㎢당 1만6천700명에 이른다. 한국 도시들은 세계에서 인구가 가장 밀집된 아시아 권역에 속 한다. 서울 면적은 뉴욕보다 훨씬 작지만 인구는 뉴욕의 2배이고 등록된 차량도 300만대로 거대한 교통체증을 일으키고 있다**[연합뉴스 2007.12.26.].

주요 국가 및 지역의 인구밀도

국가/ 지역	인구밀도 면적 ㎢당 인구수
인도 뭄바이	2만9천650명
인도의 콜카타(옛 캘커타)	2만3천900명
파키스탄의 카라치	1만8천900명
아프리카 나이지리아 라고스	1만8천150명
중국 선전	1만7천150명
한국 서울 인천	**1만6천700명**
대만 타이베이	1만5천200명
인도 첸나이	1만4천350명
콜롬비아 보가타	1만3천500명
중국 상하이	1만3천400명
중국 베이징	1만1천500명
필리핀 마닐라	1만 550명
이란 테헤란	1만 550명
인도네시아 자카르타	1만 500명
베트남 호찌민	9천450명

2010년 서울의 인구 밀도는 1㎢당 1만6586명으로 전국 시도 가운데 가장 높다. 이는 두 번째로 인구밀도가 높은 부산(4498명)보다

3.7배다. 인구밀도가 가장 희소한 강원(87명)과 비교하면 191배다. 인구밀도는 서울과 부산에 이어 광주(2894명), 대전(2806명), 대구(2750명), 인천(2633명), 경기(1148명), 울산(1034명) 순으로 높았다. 반면 강원(87명), 경북(136명), 전남(142명), 충북(199명)도 200명 미만으로 인구 집중도가 상대적으로 낮다. **그러나 이 수치도 구미 선진국에 비하면 매우 높다.**

서울의 인구밀도는 2004년 1만6578명 2005년 1만6537명, 2006년 1만6553명, 2007년 1만6565명, 2008년 1만6574명, 2009년 1만6582명으로 계속 상승하고 있다. 서울, 인천, 경기 지역 등 수도권 인구는 2010년 2433만6199명이고 인구밀도는 2071명이다.

한국의 수도 서울은 이씨 조선 왕조 이후 지금까지 600년 이상 우리나라 경제와 문화의 중심지로 군림해 왔다. 특히 식민지 조선이 해방된 이후부터 이런 현상은 더욱 강화되었다[세계일보, 2010.8.5.].

도시화율(동지역 인구비중)은 82%로 2005년보다 0.5%p 높아졌다. 농촌의 도시화와 인구의 도시집중 현상이 지속된 결과이다. 한국의 급속한 도시화는 실업, 주택공급과 가격 폭등, 행정서비스 공급 미달, 사회적 불안 등의 부작용을 양산하고 있다.

우리나라의 총인구 **4천8백5십8만 명** 중 **연령별 인구구조는 30,**

40대 인구가 1599만9000명(33.3%)이며, 30대 미만과 50대 이상이 적은 항아리 형 인구피라미드를 보였다. 1960년대 전형적인 후진국 형 피라미드 구조에서 크게 변화했다[통계청, 2010 인구주택 총 조사, 건설경제, 2011.5.30.].

호남지역 순유출 인구는 지난 10년 동안 32만명에 도달했다. 호남권 전입자는 2003년부터 2012년까지 총 879만 명인데 반해 전출자는 911만 명으로 32만명이 타 시·도로 순유출된 것이다[2].

호남권 인구는 1970년 우리나라 인구의 20.4%를 차지하지만 2012년에는 10.2%로 떨어졌고 수도권 인구 비중은 49.4%, 충청권과 영남권은 각각 10.4%, 25.9%로 늘어났다.[세계일보, 무안=한승하 기자, 2014.10.13/ 전남발전연구원].

산업화와 도시화가 급속하게 진행되면서 호남지역 인구의 상당수가 수도권과 영남권으로 이동한 것이 최근에는 충청권으로 전출되는 현상이 지속되고 있다.

호남권의 중심지인 광주로 전입하는 전남 주민 수는 매년 감소세를 보인 가운데 2013년에는 1700여명이 광주로 전입했다. 전남에서 광주로 전입한 인구를 연도별로 보면 2003년 7682명에서 2010년

---

2) 순유출은 전출자에서 전입자를 뺀 수치로, 순 이동 인구를 말한다.

6084명, 2011년 3894명, 2012년 2146명으로 매년 감소세를 보이고 있다. 2013에는 1762명이었다.

전남에서 전북으로 주소를 옮긴 주민은 2010년 352명, 2011년 687명, 2012년 437명, 2013년 59명이다. 광주 순 이동 인구는 2010년 6697명, 2011년 4414명, 2012년 2070명, 2013년 1939명이다. 전남은 2010년 6436명, 2011년 4581명, 2012년 2583명, 2013년 1821명이 감소했다.

1960년대 이래 지속적으로 인구가 감소한 호남권과 달리 수도권과 충청권 인구는 꾸준히 증가하고 있다. 특히 최근에는 과밀화된 수도권의 대안으로 충청권이 떠오르면서 호남권 인구가 기대 소득과 취업기회를 잡기 위해 지리적으로 가까운 충청권으로 이동하는 경향이 현저하게 나타나고 있다[전남발전연구원 오병기 박사].

13. 경제활동인구, 노령인구, 부양인구

현재 한국에서는 경제활동을 하는 연령층 인구 3명이 노인 1명 정도를 부양한다. 10년 후에는 핵심생산인구에 속하는 젊은이 2명당 노인 1명, 20년 후에는 젊은이 1명당 노인 1명을 부양해야 하는 시대가 온다. 2013년 한국 '노년부양비'[3]는 16.7%로 추정된다.

올해 노년부양비 16.7%는 생산 가능인구 100명이 노인 16.7명을 부양한다. 그러나 계산은 현실과 괴리가 있어 실제 젊은 층의 부양 부담은 이보다 훨씬 큰 것으로 본다. 일반적인 노년부양비는 15~64세 생산가능인구를 기준으로 하지만 현실적으로는 높은 대학진학률 등을 고려하면 20대 초반까지는 대부분 부양능력이 없다.

---

3) 노년부양비란 생산가능 인구(15~64세) 100명당 노년(65세 이상) 인구를 보여주는 비율이다.

또 평균 은퇴시기를 고려하면 50대 후반과 60대 초반 인구는 경제활동을 하지 않는 경우가 많다. **생산가능인구 중 경제활동이 가장 활발한 시기인 25~49세에 해당하는 핵심생산인구 대비 65세 이상 노년 인구를 파악한 이른바 '실제 노년부양비'를 보면 이미 젊은 층 3명당 노인 1명을 부양한다.**

올해 65세 이상 인구는 613만8천명, 핵심생산인구는 1천978만4천명으로 각각 추정된다. 젊은 층 3.2명당 노인 1명을 부양하는 셈이다. 이 비율은 10년 후인 2023년에 처음으로 50%를 넘어선다.

실제 노년부양비가 52.0%로 예측돼 젊은 층 2명당 노인 1명을 부양해야 한다. 22년 뒤인 2035년에는 100.2%로 핵심생산인구 1명당 노인 1명을 부양한다. **총부양비에는 노년부양비 외에 15세 미만의 유소년부양비도 포함되기 때문에 실제 생산인구의 부양 부담은 이보다 더 커진다.**

이 추세대로라면 세대 간 갈등이 빚어질 수 있고 세금 부담이 크게 늘어나는 등 심각한 사회문제가 될 수 있다. **한국은 저출산과 고령화가 심각하고 노년부양비 증가 속도도 세계에서 가장 빠르다.**

핵심생산가능인구가 아닌 생산가능 인구를 기준으로 한 한국 노년부양비는 2010년 15.2%에서 2020년 22.1%, 2030년에는 38.6%로 치솟는다. 2040년에는 57.2%로 일본(63.3%)에 육박하고 2050년에는 일본을 앞질러 세계에서 가장 높을 것으로 전망 된다[서울 = 연합뉴스 강종훈 한혜원 기자, 2013.1.22./미래에셋은퇴연구소, 통계청, 유엔].

14. 한국 인구의 장기적인 변화 추이

한반도 인구는 서기 초 삼한시대 약 4백8십2만 명, 통일신라시대 전후의 7세기 중엽에는 약 7백7십5만 명으로 추산한다. 당시 한반도의 인구증가율은 17세기 중엽까지 세계인구 연평균 증가율인 0.04~0,05%와 부합한 수치에 근접한 연 평균 0.0518%였다 [한국정신문화연구원, 대백과사전, 1990, P.439].

한반도 총 인구는 1392년 3백9십7만 명이었으며 1543년에는 4백1십6만 명으로 증가하였다. **조선왕조 343년 동안 인구증가율은 당시 세계 인구증가율에 비해 다소 높은 연평균 0.31~0.23%로 추정한다.**

한반도 인구수

연도	인구수
1393년	5,572천명
1440년	6,724천명
1543년	11,643천명
1592년	7,000~8000천명

1642년	10,764천명
1744년	18,275천명
1843년	16,632천명
1910년	17,427천명

자료 ; 1925년 이전 한국 역사연구회, 조선시대 사람들은 어떻게 살았을까 1편, P.16, 청년사, 신용하/권태환, 선왕조시대 인구추정에 관한 일시론, 동아문화14, 아틀라스 한국사. 2004. P.132

조선시대 (1600~1700년대)에는 3년마다 호구(인구)조사를 시행하고 호적대장이 새롭게 작성되었다. 호적대장에 기재된 각 군현의 인구수는 해당 지역에 공물, 균역 등의 세금을 부과하는 기준이 되었다. 조선왕조 시대의 인구 통계는 주로 군역 대상인 16~60세의 남성들만을 대상으로 하였다. 따라서 조선 왕조 기간의 인구 변동은 출생률, 신분 구성비, 가구당 평균 인원 등의 근거에 의해 추정됐다[아틀라스 한국사. 2004. P. 132]. 이 같은 추정 방법에 의해 산출된 조선왕조 후기 전국 및 서울의 호구 수와 인구수는 다음과 같다.

전국 및 서울의 호구와 인구

연도	전국 호구	서울 호구	전국 인구	서울 인구
1657	658,771	15,760(2.392%)	2,290,083	80,752(3.526%)
1669	1,313,453	23,899(1.819%)	5,018,644	194,030(3.866%)
1717	1,560,561	28,356(1.817%)	6,846,568	185,872(2.715%)
1753	1,772,749	34,953(1.972%)	7,298,730	174,203(2.387%)
1783	1,783,378	42,786(2.399%)	7,526,696	199,227(2.647%)

자료 ; 서울의 어제와 오늘, 서울특별시, 1998

1789년 한성, 개성, 평양 등은 2만 명 이상, 상주, 전주, 대구, 충주, 의주, 진주 등은 인구 1~2 만미만으로 추정되고 있다. 조선 시대의 교통수단은 도보와 우마차에 의존하였기 때문에 지역 간 이동이 제한적이었다. **당시 조선경제는 자급자족형 경제구조였다. 도시는 주로 내륙지방 중심으로 발달되었지만. 1876년부터 조선의 항구들이 개항되면서 도시체계는 크게 변화하기 시작하였다**[권영우 외 공저, 도시의 이해, P. 29].

대구지방 호구수와 계층별 구성비

연도	호구수	계층별 구성비		
1690년(숙종 16년)	총 3,156호	양반 9.2%	상인 53.7%	노비 37.1%
1729년(영조 5년)	총 3,092호	양반 18.7%	상인 54.6%	노비 26.7%
1783년(정조 7년)	총 2,811호	양반 37.5%	상인 57.5%	노비 5.0%
1858년(철종 9년)	총 2,985호	양반 70.3%	상인 28.2%	노비 1.5%

임진왜란은 동아시아의 정세를 완전히 바꿔놓았다. 임진왜란에 의해 일본에는 도쿠가와 막부가 세워지고 중국에는 청나라가 세워졌다. 하지만 최대 피해자 조선만은 그대로였다.

조선은 1670년(현종 11년, 경술년)과 1671년(현종 12년, 신해 년) 연이어 발생한 대기근으로 인해 인구수가 크게 줄었다. 굶어 죽거나 얼어 죽고, 역병이 온 산하를 휩쓸었다. 거두지 못한 시신은 또 다른 전염병을 유발했다[중앙일보, 2008. 12.06, 김덕진 지음, 대기근, 조선을 뒤덮다, 푸른 역사, 2008].

대기근으로 사망한 자가 100만 명에 달했다[1671년 윤경교 상소문]. **당시 사망자 100만 명은 조선사회 추정인구 510만여 명의 20%에 해당한다.** 대기근으로 인한 급격한 인구 감소는 조선 사회의 급격한 변화를 초래했다. 먹거리를 찾고 역병을 피해 전국을 떠돌던 유랑민들이 비교적 구휼제도와 방역이 잘된 서울로 집중 몰려들었다. 가장 취약했던 양민들과 노비들의 인구가 급속히 감소함으로서 신분사회를 크게 흔들어 놓았다[중앙일보, 2008. 12. 06].

조선인들은 정조 때(18세기 말) 니코틴이 많은 독한 담배를 즐겨 피웠다. **전체 인구 1,839만 명중 360만 명 이상 담배를 피웠다고 한다**[조선왕조실록 등 근거로 신용하 서울대 역사학 교수 추산]. 흡연율이 20% 정도로 최근의 흡연율 22.9%(2006년 12월 보건복지부 조사)와 비슷한 수치다[실학자 이덕리의 문집 기연다, 조선일보, 2007.4.17].

당시 전국 360개 고을 중 흡연자가 한 고을 당 1만 명을 밑돌지 않는다고 추정하면 흡연 비용은 연간 120만 냥으로 추산되었다. 당시 쌀 1석(90kg 추정)을 5~6냥[낙성대경제연구소 추산]**으로 계산하면 쌀 250만석을 살 수 있는 돈이었다.** 이 규모는 온 나라가 흉년이 들었을 때 백성을 먹여 살릴 수 있는 돈이었다[실학자 이덕리의 문집 기연다, 조선일보, 2007.4.17].

한반도의 1900년대 조선 인구는 1906년 1천2백9십3만 명에서 1943년 2천5백8십3만 명으로 증가하였다[한국통계연감, 제16회, 경제기획원].

한반도 인구는 상당한 기복을 보이며 변동했다. 연도별 인구변동을 보면 1911년 70만3천 명, 1912년 74만4천 명, 1919년 8만7천 명, 1927년 1만6천명, 1942년 1천61만2천 명 등 매우 불규칙한 변동을 보이고 있다[한국통계연감].

한반도 인구의 증감변동 추이

1906년	총 인구	1천2백9십3만 명	1910년	총 인구	1천3백13만 명
1911년	인구증가	70만3천 명	1912년	인구증가	74만4천 명
1919년	인구증가	8만7천 명	1921년	총 인구	1천7백6만 명
1927년	인구증가	1만6천 명	1929년	총 인구	1천8백7십8만 명
1940년	총 인구	2천2백9십6만 명	1942년	인구증가	1천61만2천 명

자료 ; 한국통계연감, 제16회, 경제기획원

한반도 조선의 총인구는 1906년 1천2백9십3만 명, 1917년 1천3백13만 명, 1921년 1천7백6만 명, 1929년 1천8백7십8만 명, 1940년 2천2백9십6만 명, 1943년 2천5백8십3만 명으로 증가하였다[한국통계연감, 제16회, 경제기획원].

한반도 총인구 변동 추이

연도	총인구
1906년	12,930천명
1910년	13,130천명
1921년	17,060천명
1929년	18,780천명
1940년	22,960천명
1944년	15,923천명
1949년	20,167천명
1955년	21,502천명

주) 1944년 이후 남한인구
자료; 한국통계연감, 제16회, 경제기획원, 경제기획원, 인구센서스 보고서, 홍사원 P.157

식민지 시대, 조선의 인구증가율은 1910~43년 연평균 1.9%, 1925~43년 1.53%였다[대백과사전 추정]. **1평방 제곱킬로미터 당 인구밀도는 1911년 63명에서 1943년 117명으로 32년 동안 두 배 정도 증가했다**[한국통계연감].

1920년대에 들어서 조선은 일제의 식량기지화 정책이 본격적으로 착수되었다. 식량기지화는 항구 중심으로 발달되었다. 농산물 집산지와 미곡 적출항 중심으로 발달되었다. 내륙과 연안을 잇는 육상 교통수단이 미비하여 전국을 유기적으로 통합한 근대적인 도시체계는 아직 이루지 못한 상태였다. 1920년까지 일본의 식민지정책은 도시 발달에 크게 영향을 미쳤다.

개항 이후로는 연안 항구 도시들의 인구가 급속히 늘어나고 내륙 도시들의 인구는 점차 감소하였다. 신흥도시들은 대부분 항구에 입지하였으며 도시는 항구를 중심으로 발달하였다. 식민지 후반기인 1930~45년 동안 일제는 조선을 병참 기지화하고 농공병진 정책을 시행하면서 제조업 중심의 공업이 발달하고 도시가 비약적으로 발달하였다. 근대적 산업화에 기초한 도시발달이 본격화된 것이다. 이로서 도시기반 경제가 정착되고 도시의 골격이 갖추어진 시기였다.

식민지 시대의 조선 인구는 높은 출생률과 높은 사망률을 가진 다산다사 형 피라미드 구조를 가졌다. 당시 조선은 1925년/1944년을 보면 연소 인구 39.6%/43.2%, 생산연령 인구 54.0%/50.4%, 노년 인구 6.4%/6.4%의 인구구조를 가졌다.

조선의 인구는 연소 인구가 늘어나면서 생산연령 인구가 감소하는 추세였다. **식민지 시대에는 인구 이동이 많았다.** 만주, 중국, 일본으로 이주하는 인구 이동이 빈번하였다. 조선인들은 만주의 간도, 시베리아 연해주로 이주했다.

특히 한일합병과 3.1운동이 발생한 후에 이주가 급증하였다. 1920년대 시베리아 연해주로 이주한 조선인은 20만 명에 도달했다. 해외거류 조선인 수는 1910년 2십만6천 명 1925년 7십2만2천 명, 1930년 1백2만9천 명으로 대폭 증가하였다. 1944년에는 3백5십만9천명에 도달해 전체 인구의 약 14.4%를 차지하였다.

해외 이주 조선인 증가는 해방 때까지 계속되었다. **식민지 시대의 서울, 경기도의 인구는 경상도, 전라도, 충청도의 세 지역 인구의 21%(1906년)로 4분의1에 불과했다.** 1944년 서울, 경기도 인구는 세 지역 인구의 26.6%를 차지했다.

식민지 조선이 공업화 과정을 통해 경제성장이 급팽창하고 있을 때에도 전라도와 경상도의 인구 차이는 7~8십만 명으로 오늘날처럼 크지 않았다(1906년 8십8만 명, 1944년 7십5만 명). 또한 공업화 되는 동안 국내 지역 간 인구 이동도 지금과 같은 변동은 별로 없었다.

도별 인구분포는 해방과 한국동란을 겪으면서 근본적으로 구조변화를 가져왔다. 해방 직후 외국에서 귀환해 들어오는 동포들은 서울과 경기도에 많이 정착하였다. 1950년 한국동란 후 피난민과 북한 주민이 도시로 몰려오면서 도시의 인구 집중을 가져왔다.1960년대 초반부터 산업화가 급속히 진행되면서 지역간 인구 이동이 활발하게 일어났다.

다시 말해서 1945년 해방과 1950년의 6.25 동란 및 1960년대 중반 이후 시작된 급속한 산업화와 공업화의 진행은 대량 인구 이동을 유발했으며 매우 급속한 도시화가 진행됐다. 1960년대 중반 이후 경제개발계획에 의해 공업화가 강력하게 진행되면서 수도권과 지방 그리고 경상도와 전라도간의 인구격차가 크게 벌어지기 시작했다. 2000년 서울, 수도권은 전체 인구의 절반 가까이 차지할 만큼 도시화가 급속도로 진행되었다.

도별 인구 분포 구성 (단위 ; %)

지방	1940	1944	1949	1960	1970	1975	1940~75
경기	18.85	17.26	20.69	20.78	28.25	41.48	+20.79
강원	7.90	8.00	5.64	6.55	5.93	5.37	−0.27
충북	6.11	6.13	5.68	5.48	4.71	4.39	−1.29
충남	10.11	10.39	10.05	10.22	9.09	8.05	−2.00
충청도	24.12	16.52	15.73	15.70	13.80	12.44	−3.29

전북	10.21	10.34	10.16	9.58	7.74	7.08	-2.98
전남	15.55	15.69	15.08	14.22	12.74	11.49	-3.39
전라도	25.76	26.03	25.24	23.80	20.48	18.57	-6.37
경북	15.86	16.16	15.89	15.40	14.49	14.00	-1.89
경남	13.03	14.63	15.54	15.74	15.89	16.52	+0.98
경상도	28.89	30.79	31.43	31.14	30.37	30.52	-0.91
제주	1.38	1.39	1.26	1.13	1.16	1.19	-0.07

주) 경기는 서울 포함, 경남은 부산 포함
자료 ; 경제기획원, 인구센서스 보고서, 홍사원 P.159 재인용

식민지 시대 도별 인구

지방	1906년	1944년	1946년
경기도	1.068.345	3.090.454	3.628.135
충청도	1.141.473	2.617.667	3.022.299
전라도	1.448.028	4.125.401	4.961.265
경상도	2.333.249	4.879.397	6.364.582
강원도	627.833	946.643	1.116.836
제주도	-	219.548	276.143

자료: Bruce Cumings/김자동, 한국전쟁의 기원, 1993년 357쪽

도별 인구비중

(단위; %)

지방	1940년	1944년	1949년
경기도	18.85	17.26	20.69
충청도	24.12	16.52	15.73
전라도	25.76	26.03	25.24
경상도	28.89	30.79	31.43
강원도	7.90	8.00	5.64
제주	1.38	1.39	1.26

주) 경기는 서울 포함, 경남은 부산 포함
자료 ; 경제기획원, 인구센서스 보고서, 홍사원 P.159 재인용

15. 수도권 인구 집중과 도농간 인구 격차

최근 2000~2005년 사이 수도권 인구집중 현상은 1990년대 초반과 비슷한 수준이다. 지난 1990~95년 수도권 인구 증가분이 전국 증가분에서 차지하는 비중은 133.7%였으나, 1995~2000년엔 76.3%까지 감소했고, 2000~2005년 사이엔 다시 123.5%로 증가했다. 수도권 중 서울 인구증가분의 비중은 1960년대와 70년대엔 거의 50%에 가까웠다. 그 이후 감소세로 돌아서 1990~1995년엔 -31.9%를 기록했다. 그러나 감소 정도는 시간이 흐를수록 줄어들어 2000~2005년은 -6.6%의 인구증가분을 나타냈다.

반면 경기 인천의 인구증가분이 전국에서 차지하는 비중은 서울과 달리 1960년 이래 꾸준히 늘어 1990~95년 165.6%에 도달했다. 그 이후 동 비율은 1995~2000년 98.3%로 감소했다가 2000~2005년엔 다시 130.1%로 늘었다. 2000~2005년 사이 수도권 인구 증가는 전국의 인구 증가를 상회한 것이다. [아시아경제, 2008.11.18, 통계청 통계개발원; 2005년 인구주택 총 조사 종합분석보고, 2008.11.18 발표].

지역 불균형 심화는 수도권과 영남권 인구 집중에 따른 요인이 가장 크다. 인구는 공업화 과정과 산업 및 주택단지개발에 따라 임금이 높고 교육 등 편의시설이 밀집된 개발지역으로 이동했다.

이러한 현상이 계속 진행되면서 많은 부작용을 초래하고 있다. **특히 이촌 향도 현상이 심해 오늘날에는 전체 인구의 46.1%가 수도권에 편중되어 있어 매우 심각한 상황에 이르고 있다. 농촌 지역은 텅텅 빈 유령마을이거나 노령인구만 가득 찬 초라하기 그지없는 소비마을로 전락하는 등 거의 황폐화되었다.**

지역 간 인구를 급속히 이동시킨 가장 큰 요인은 신도시와 뉴타운 사업, 재개발과 재건축, 산업단지 등의 개발이다. 1960년대부터 경제개발이 이루어진 이후 인구 이동은 대규모로 진행되었다. 가장 중요한 요인은 지속적으로 추진되어 온 신도시와 뉴타운 사업, 재개발과 재건축, 산업단지 등에 따른 입주 이주 증가에 따른 것이었다.

읍면동 경계를 넘어 이동한 인구는 2008년 3분기 200만 8천명으로 지난해 같은 기간에 비해 3.6% 증가했다. 이 가운데 시도 안에서 이동한 사람은 136만 7천명으로 4.5%, 시도 간 이동은 64만 1,000명으로 1.5% 늘었다. 16개 시도의 순 이동을 보면 경기도가 2

만 6천명이 유입돼 가장 많았고 서울은 1만8천명 감소하였다[통계청, 매일경제, 2008.11.18].

한국의 연령별 인구 구성 추이

연도	총인구	0~14세	15~64세	65세 이상	50세 이상 노동력 비중
2005	4817.8만 명	19.2%	71.8%	9.1%	24.4%(2000년)
2015	4959.9만 명	14.0%	73.2%	12.8%	31.9%(2010년)
2020	4975.8만 명	12.9%	71.7%	15.4%	40.2%

자료; KDI, 매일경제, 2007.2.12

총인구 중 67.88%인 3365만 명의 사람들이 서울 경기도 인천과 경남북도에 몰려 살고 있다. 2007년 10월 말 현재 주민등록인구 4919만4085명과 국내 거주 외국인 62만4377명 및 주민등록 말소 자 26만8845명을 전부 합한 전국의 총인구는 5008만7307명으로 집계되었다[매일경제, 중앙일보, 2007.11.19].

도별 인구(2009년 총인구 4954만0367명)

경기 1129만2265명 + 서울 1020만0827명+ 인천 269만2696명
= 2,390만 명
경남 322만5255명 + 부산 356만4577명 = 678만 9832명
경북 267만3931명
경기, 경남, 경북을 포함한 지역인구는 전체 총인구 중 3364만7653명(68%)

주) 행정자치부, 거주외국인과 5년 이내 등록말소 자는 제외됨. 따라서 총 거주인구보다 시점이 늦어짐.
자료; 매일경제, 2007.11.19/2009.3.23

서울 인천 경기 3곳의 인구는 2,390만 명으로 전국 인구의 48.6%를 차지했다. 전체 인구의 절반가까이 차지한 셈이다. 경북과 대구를 합한 지역 인구는 전국 총 인구의 10.33%를 차지하는 517만4973명이다. 울산과 부산 및 경남을 합한 인구수는 전국 인구의 15.73%를 차지하는 787만7616명이다. 경북과 대구, 울산과 부산 및 경남을 합한 경상도 지역 전체 인구수는 전국 인구의 26.06%를 차지 한 1305만2589명이다.

서울 인천 경기 지역의 인구와 경북, 대구, 울산, 부산, 경남을 포함한 경상도 지역의 인구를 합한 지역인구는 전국 총 인구의 74.66%를 차지하였다. 다른 여타 지역의 인구 비중은 15.34%에 불과한 것이다. 우리나라 사람들은 전체 인구 중 74.66%가 서울, 인천, 경기도와 경상도에 몰려 살고 있는 셈이다[매일경제, 중앙일보, 2007.11.19].

시도별 인구 구성비를 보면 2005년과 2006년 기준 서울 20.8% 19.4% 부산 7.4% 6.0% 울산 2.2% 2.3% 대구 5.2% 4.3% 인천 5.4% 5.9% 광주 3.0% 2.9% 대전 3.1% 3.3% 경기 22.0% 28.9%로 나타났다. 국민 전체 인구의 절반이 수도권(48.2% 54.1%)에 몰려 있는 것으로 나타났으며 수도권 쏠림 현상은 가일층 계속되는 모습이다.

수도권에 몰리는 인구 집중화 현상은 시간이 갈수록 심화하는 양상이다. 특히 수도권과 부산, 울산, 대구를 포함한 인구 비중은 2005년 63.0% 2006년 66.7%에 달했다. 절대다수 국민들은 대부분 수도권과 부산, 울산, 대구 지역에서 몰려 살면서 그들은 돈 벌이 하는 주요 경제활동 무대로 삼고 있는 셈이다[매일경제, 2007.5.23].

서울 수도권 지역은 서울과의 연계성, 교육 문화, 정부기관과 기업체의 소재, 풍부한 노동력, 유용한 토지 등의 양호한 조건들과 정부의 불균형개발정책 등으로 도시화가 급속히 진행되었다.

경기도 인구는 다른 지방의 인구 증가에 비해 높은 증가율로 급속히 팽창하였다. 서울을 제외한 경기도 인구 비중은 1985년부터 1998년까지 11.85%에서 18.76%로 증가하였고 도시화(시부지역 인구 비중)도 타 지역에 비해 급속히 진행되었다.

경기 시부지역 인구는 1985년 경기도 전체 인구의 52.8%인 253만여 명에서 1998년에는 90.4%인 787만여 명으로 급팽창했다[경기도의 어제와 오늘, 2001]. **급속한 도시화는 토지 및 경제개발 붐으로 토지 등 급속한 부동산 가격 상승을 가져왔다. 이 지역의 부동산 소유 지역민들과 부동산 투기자들은 개발이득과 불로소득을 챙길 수 있었다.**

지난 50년간의 산업화 과정에서 충청도와 전라도 인구는 절대 및 상대적인 인구유출에서 볼 때 가장 컸다. 특히 전라도의 인구가 가장 급속하게 감소하였다. 이러한 인구 유출의 가속화는 일본의 식민지 시기의 공업화 과정에서도 찾아 볼 수 없었던 현상으로 해방 전후의 공업화 시기와 비교할 때 극명하게 대비된다.

지역별 인구 분포에서 나타난 인구 편중 현상은 그대로 국민경제적인 집중화와 산업구조 및 기업의 지역별 분포를 그대로 반영하고 있다. **지역별 인구 분포는 자연인구 증가에 의존하였다기보다는 지역의 공업화와 도시화에 따라 이동하는 지역간 인구 이동이 결정적으로 작용했다.**

16. 핵가족 규모도 감소

한국 가계의 가족 구성원은 최근 20년간 1~2인 가구가 큰 폭으로 증가하고 4~5인 가구는 지속적으로 감소하는 등 가족 구조가 급변하고 있다. **한국이 산업 사회로 급속히 진행되면서 도시화와 소수 도시로의 인구 집중화, 개인주의화, 급격한 고령화와 저출산 현상, 만혼화 및 이혼율 증가 등의 복합적 영향으로 가구규모가 계속 줄고 있다.**

가구규모별 변화 형태를 살펴보면, 1990년에는 1인 가구 9.0%, 2인 가구 13.8%, 3인 가구 19.1%, 4인 가구 29.5%, 5인 이상 가구 28.7% 등이었지만, 20년이 흐른 2010년에는 1인 가구 23.9%, 2인 가구 24.3%, 3인 가구 21.3%, 4인 가구 22.5%, 5인 이상 가구 8.1% 등으로 바뀌었다.

20년 사이에 1~2인 가구는 22.8%에서 48.2%로 급증했고, 4~5인 가구는 58.2%에서 30.6%로 줄어들었다. 가구규모뿐 아니라 세대구성별 가구도 최근 20년간 확대가족에서 핵가족으로 단순화하는 양상을 보였다.

세대별 핵가족의 변화 양상을 1990년과 2010년을 비교했을 때, 1세대 가구는 10.7%에서 17.5%로 늘어났지만, 2세대 가구는 66.3%에서 51.3%로, 3세대 이상 가구는 12.5%에서 6.2%로 떨어졌다. 이처럼 **가족유형이 1인 가구와 부부 및 미혼자녀로 구성된 1~2세대 중심의 핵가족 형태에 집중되는 것은 가족 가치관과 사회경제적 환경의 변화에 기인한 것이다.**

한국인들은 결혼은 반드시 해야 한다는 생각 자체도 1998년 33.6%에서 2012년 20.3%로 줄었다. 의식구조가 크게 변한 것이다. 자녀를 반드시 가져야 한다는 비율도 1997년 73.7%에서 2012년 46.3%로 급격히 추락했다[통계청 조사 결과].

반면, **자녀를 반드시 가질 필요는 없다는 의식은 1997년 26.0%에서 2012년 53.5%로 늘었다.** 한국사회가 경제발전에도 불구하고 소득과 생활 양 측면에서 볼 때 불안하고 불안정한 상태가 지속되고 있는 것이다.

부모 부양관도 변했다. **부모부양은 가족의 책임이라는 인식은 1998년 89.9%에 달했으나, 2012년 들어서는 33.2%로 급전 직하했다.** 이에 반해 1998년 2.0%에 불과했던 사회의 책임이라는 인식은 2012년에 52.9%로 껑충 뛰었다.

여기에다 **고용과 소득 불안정, 양육부담 등으로 말미암아 만혼화와 혼인기피 현상도 심화하고 있다.** 남성 초혼연령은 1990년 27.8세에서 2013년 32.2세로, 여성 초혼연령은 1990년 24.8세에서 2013년 29.6세로, 각각 4.4세와 4.8세가 상승하면서 만혼화 경향을 보이고 있다.

그 여파로 출산율도 지속적으로 떨어지고 있다. **합계출산율(여성 한 명이 평생 가임기간 출산할 것으로 예측되는 평균 자녀 수)은 1990년 1.57명에서 2013년 1.19명으로 13년간 24.2% 감소했다. 평균 출생아수(기혼여성이 생애동안 출산한 자녀 수)도 1992년 2.2명에서 2012년 1.16명으로 줄어 인구 대체 수준 이하에 도달했다.**

이런 상황에서 가족결속력 마저 약화하면서 인구 1천명 당 이혼건수는 1990년 1.1건에서 2013년 2.3건으로 증가했다. 혼인건수 대비 이혼건수의 비율도 1990년 11.4%에서 2013년 35.7%로 느는 등 가족해체 상황에 심각하게 노출됐다.

1인 가구와 이혼가족 등 구조적 취약가구의 증가를 고려해 부부 중심의 가족형태에 대한 인식을 지양하고 다양한 가족유형에 맞춰 가족의 다양한 가치관과 욕구를 인정하고 뒷받침하는 방향으로 가족정책을 전환해야 한다는 것을 시사한다. **늘어나는 1인 가구와 이혼가족 그리고 가족결속력 약화를 보완하는 사회공동체적 보험 그물망과 다양한 공동체 보장 시스템을 마련하는 것이 시급하다**[서울=연합뉴스 서한기 기자, 2014.9.26/보건사회연구원 김유경; 가족변화양상과 정책 함의].

17. 한국의 급속한 고령화 속도

한국경제는 지난 40여 년 동안 인구 고령화 속도가 경제협력개발기구(OECD) 회원국 중 가장 빠른 상황이다. 2013년 한국의 고령인구(65세 이상) 비중은 12.2%로 30위에 머물렀지만 증가 속도는 1위다. 각국의 고령인구 비중을 1970년 1로 설정하고 2013년까지 몇 배로 증가했는지 비교할 때 한국은 4.0배로 가장 높았다. OECD 평균 1.6배와 비교할 때 두 배 이상 빠른 속도다.

일본이 3.6배로 2위였고 다음으로 핀란드(2.1배), 포르투갈 · 이탈리아(2.0배), 체코 · 캐나다 · 스페인(1.9배) 등의 순이었다. 전체 인구를 나이순으로 볼 때 정중앙에 있는 사람의 연령을 뜻하는 한국의 중위연령은 2010년 37.9세로 1970년 19.0세보다 18.9세 늘어나 고령인구 비중 상위 10개국 가운데 증가 폭이 가장 컸다.

그 다음은 일본으로 같은 기간 28.9세에서 44.7세로 15.8세 증가했다. 증가 폭 3~5위는 캐나다(14.0세), 이탈리아(10.2세), 독일(10.0세)이었다. 한국의 유소년 인구(0~14세) 비중(2013년 기준)은 14.7%로 크게 떨어졌다. 이런 비중은 1위인 멕시코 28.4%의 절반 수준이자 OECD 평균 17.4%를 밑도는 것이다.

한국의 생산 가능 인구(15~64세) 비중은 73.1%로 OECD 평균 66.6%를 웃돌며 1위에 올랐다. 이는 1950년 한국전쟁과 1970년대 베트남 전쟁 이후 태어난 베이비 붐 세대가 생산 가능 인구에 여전히 편입돼 있기 때문으로 풀이된다.

한국의 출산율이 OECD 주요국 중 가장 빠르게 하락하는 가운데 2012년부터 시작된 생산인구의 감소와 베이비붐 세대 은퇴시기의 도래는 미래를 불안하게 만드는 요인으로 작용하고 있다[서울 = 연합뉴스 김문성 기자, 2014.9.6/산업연구원; OECD 34개 회원국의 인구구조 비교 · 분석].

한국의 고령가구(세대주가 65세 이상인 가구) 소득이 전체 가구 평균 소득의 50%에도 미치지 못한다. 이는 초고령 사회에 진입한 독일 일본에 비해서도 크게 낮다. 소득이 낮다 보니 우리나라 고령가구의 소비지출도 부진했다. 부진한 소비지출은 중장기적으로 자생적 내수창출 기반을 취약케 하고 자생적인 성장의 한계를 유발한다[조선일보, 연선옥 기자, 2014.9.14/ 현대경제연구원; 한국 · 독일 · 일본 실버 경제의 기반 비교].

한국 고령가구의 평균 가처분소득은 2012년 전체 가구의 48%이다. 이는 독일(79%), 일본(78%)에 비해 매우 낮다. **우리 고령가구는 근로소득 비중이 높은 것도 특징이다. 반면 독일 · 일본 고령가구의 근로소득 비중은 연금과 자본소득 비중이 크다. 이들의 비중은 각각 13%, 43%로 총 56%에 이르는데 한국 고령가구는 반대로 근로소득 비중은 63%에 달한다. 65세 이상 고령자들이 노동으로 벌어드린 소득으로 생계를 유지하고 있다는 뜻이다.**

그러다 보니 고령가구의 소비지출이 낮을 수밖에 없다. 고령가구의 소비지출의 국제비교에서도 한국과 독일 · 일본 간의 차이가 크다. 우리 고령가구의 소비지출은 전체 가구 평균의 53%로 독일(88%), 일본(86%)보다 크게 낮다. 보건비 지출 비중은 12%로 독일 · 일본(각각 6%)보다 2배 높은 반면 오락 · 문화 지출 비중은 4%로 독일 · 일본(각각 10%)의 절반 수준이다.

한국 고령가구의 소득 · 소비 수준이 낮다 보니 지지부진한 실버산업 성장으로 이어지고 있다. 실버산업이 전체 경제(GDP)에서 차지하는 비중은 5.4%로 독일(12.3%), 일본(19.6%)보다 낮은 데서도 여실히 드러나고 있다.

초고령 사회에 진입한 독일 · 일본은 고령자를 중요한 소비자로 인식하고 관련 제품과 서비스를 제공하는 실버 경제를 새로운 성장

동력으로 키우고 있다. 한국은 고령화를 기회 요인이 아니라 경제 성장을 저해하는 부정적인 요인으로 작용하고 있다. 급격한 고령화를 따라가지 못하는 경제성장과 사회 발전에 문제가 있다.

인구 고령화가 전 세계적으로 급속히 진행되면서 심각한 사회 문제를 야기할 것이라고 우려한다. 에이징 부머(Ageing Boomer) [4]세대가 향후 장기적인 투자 트렌드를 주도해나갈 것으로 전망한다. 현재 기대수명 증가와 글로벌 인구 고령화로 인해 세계 각국 정부는 연금·은퇴제도 등 장수로 인한 비용이 급증할 것이다. 생활수준 향상과 의료기술 발달로 고령화는 불가피하다.

전 세계 인구의 평균 수명이 1년 증가할 때마다 연금비용이 3~4% 또는 1조 달러가량 늘어날 것으로 전망한다. 또 2050년까지 인간 수명이 현재 예상보다 3년 증가할 경우 고령화에 따른 비용이 50% 더 증가할 수 있다[국제통화기금 IMF].

이런 인구 통계학적 현상 속에서 에이징 부머 세대가 이전 세대보다 오랜 기간 건강한 삶을 누리면서 새로운 투자 트렌드를 이끌 것이다.

---

4) 에이징 부머는 현역에서 은퇴했거나 곧 은퇴를 앞둔 베이비붐 세대(1946년부터 1964년 사이 출생)를 일컫는다.

특히 최근 10년간 경제협력개발기구(OECD) 국가 내 헬스케어와 의약품 관련 수요가 증가했다는 점이다. 이는 앞으로 헬스케어와 의약품 관련 제품 생산 기업들, 노인을 위한 맞춤식 의약품 및 서비스를 제공하는 기업들에게 더 많은 기회를 제공할 것이다.

재보험사들과 자산운용사들 역시 연금 비용 부담과 은퇴 준비 부족 등 **장수 위험에 대한 투자 솔루션**을 제공한다는 점에서 새로운 국면을 맞게 될 것이다.[이데일리 김기훈 기자, 2014.9.27/ 피델리티자산운용; 21세기 투자테마 · 베이비부머의 고령화].

한국인들은 젊어서는 경제활동으로 고된 나날을 보내고, 은퇴 후에는 부족한 생활비로 빠듯하게 산다. 은퇴자들의 한 달 평균 소득은 238만 원에 불과하다. 은퇴하지 않은 사람들이 경제적 불편 없이 생활할 수 있을 거라고 생각하는 월평균 소득 319만 원 보다 81만 원이나 적다[연합TV, 2013.9.13].

은퇴하지 않은 사람들이 은퇴 후 최소 생활비로 생각하는 금액보다 조금 많은 수준이다. 하지만 은퇴에 대비해 정기적으로 저축하는 사람은 39%에 불과하다. 또 저축을 하는 사람도 월평균 저축액이 15만 원에 그친다. 생활비가 빠듯하다 보니 건강에 대한 걱정은 은퇴자나 은퇴 예정자 모두 큰 편이다. 대부분 사람들은 경제난 해결을 위해 은퇴 후에도 일을 하고 싶어 하지만 일자리도 없는 실정이다[연합TV, 2013.9.13].

18. 한국 노령화의 경제적 파급

최근 한국 사회는 빠르게 고령화하고 있다. 2013년 노령화 지수[5)]가 사상 처음으로 80%를 넘어설 것으로 전망한다. 이는 2012년 77.9%에서 5.4%포인트나 상승한 것이다.

이 지수는 1978년 처음 10%를 넘었고, 1990년 20%, 1998년 30% 선을 각각 넘어섰으며 2006년 처음으로 50%를 돌파했다. 2008년 59.5%에 이어 2009년 63.9%, 2010년 68.4%, 2011년에는 72.8%를 기록해 올해는 2년 만에 무려 10.5%포인트나 상승할 것으로 예측됐다. 우리나라에서 65세 이상의 인구가 차지하는 비중도 급격히 확대됐다.

65세 이상 인구비중은 올해 12.2%로 작년(11.8%) 대비 0.4%포인

5) 노령화 지수는 15세 미만 인구 대비 65세 이상 노령인구의 비율로 유년인구 대비 고령층의 상대 규모를 나타내주는 지표다.

트 증가하며 사상 최대치를 기록할 것으로 추정됐다. 노인층 인구는 2007년만 해도 9.90%로 10%를 넘지 못했으나, 2008년 10.30%, 2009년 10.70%, 2010년 11.04%, 2011년 11.36%, 2012년 11.78%로 매년 급격한 증가세를 보이고 있다.

급격한 노령화는 국민경제에 여러 가지 부작용을 초래한다. 첫째, 급격한 노령화는 경제 활력을 떨어뜨려 중장기적으로 잠재성장률의 하락을 가져온다. 노령화와 함께 양질의 일자리가 줄어들 경우 경제활동 참가율과 잠재성장률을 낮춰 결국 중장기적인 저성장으로 굳어질 수 있다.

노령화로 현재 잠재성장률이 장기적으로 최저 3.0%까지 하락한 것으로 추산한다. 잠재성장률은 2010년 4.0%에서 하락과 정체를 반복해 2016년에는 3.7%까지 떨어질 것으로 본다. 둘째, 노년층이 증가하면 이들에 대한 정부의 복지 부담도 늘어난다. 유럽의 경우처럼 정부의 재정건전성 문제를 야기할 수 있다[서울=연합뉴스, 권혁창 배영경 기자, 2013.3.11./금융투자업계, 통계청, 국회 예산정책처].

노령화가 급속히 진행되고 노령 인구가 급격히 늘어나면서 한국 노인네들의 소득원도 급속히 악화되고 있다. 한국 노인네들은 불비한 연금체계로 불안한 노후생활을 보낸다. 아시아 국가들은 충분한 연금기금을 확보하지 못하고 있다.

또한 한국을 비롯한 아시아의 노인네들의 불안한 생활이 앞으로 더욱 심화될 것으로 보인다. 아시아 국가들이 경제 기적을 일궈냈지만 그 주역을 담당했던 수억 명의 근로자들이 연금체계 미비로 향후 불안한 노후생활은 계속 수렁에 빠져들고 있다.

한국의 경우 65세 이상의 노령인구 가운데 70%가 다양한 이유로 노령연금을 받지 못하고 있다. 재원도 장기적인 측면에서 매우 불안정하다. 특히 한국이 그동안 2차례에 걸쳐 제도개선을 단행했지만 고령화 진행속도가 매우 빠른 점을 감안할 때 사회집단적인 사회보장체계가 마련되어야 할 상황이다.

한국의 고령화는 세계에서 유례를 찾기 어려울 정도로 빠른 속도로 진행되면서 노인의료비가 폭발적으로 증가해 가고 있다. 의료비의 폭발적 증가는 건강보험재정이 감당하지 못하고 건강보험 적자가 급속히 늘어나고 있다.

노인의료비의 급등으로 건강보험재정 수지는 장기적으로 적자행진을 보이고 있는 것이다. 건강보험 재정적자 규모는 2020년 6조3천억 원에서 2030년 28조원, 2040년 64조5천억 원, 2050년 102조1천700억 원에 이어 2060년에는 132조원에 달할 것으로 전망한다. 2013년 건강보험의 총 지출규모가 38조원인 점을 고려하면 적자금액이 천문학적이다.

19. 노령화와 저출산의 경제적 파급효과

UN기준에 의하면 65세 이상 노인인구가 7%이면 고령화 사회라 하고 14%이상이면 고령사회, 그리고 20%이상이면 초고령 사회로 정의한다. 우리나라는 그간 경제성장등으로 평균수명이 늘어나면서 이미 **2000년 말에 7.0%를 넘어섰고 2026년에는 인구의 20%인 65세 이상 노인인구가 일천만 명에 이르러 초고령 사회가 될 것으로 전망한다.**

1960년 노령화지수는 6.9%이었으나 1995년 24.5%로 크게 증가하였으며, 향후 지속적으로 증가하여 2010년에는 49.1%에 이를 것으로 전망된다. **노령인구가 증가함에 따라 생산연령층에서 노령인구가 차지하는 비중인 노년부양비가 지속적으로 증가하고 있다.** 노년부양비는 1960년 5.3%에서 계속 증가하여 1995년 8.3%이며, 향후 2010년에는 14.2%로 크게 증가할 전망이다. 이와 같이 인구구성의 변화는 인구의 고령화, 생산연령층의 중 · 장년화, 청년층 인구의 감소를 가져와 노동시장에서 인력공급 구조를 변화시키게 된다.

중장년층인 30~54세 인구 중 30~44세의 인구가 1995년 15세 이상 인구에서 차지하는 비중은 32.9%에서 점차 증가하여 2000년 33.9%를 정점으로 2010년에는 30.1%로 감소할 전망이다. 그리고 중장년층 인구 중 45~54세 인구는 1995년에서 2000년에 이르기까지 13%대를 유지하다가 이후 빠르게 증가하여 2010년에는 19.8%까지 증가할 전망이다.

60세 고령인구비율은 해년마다 빠르게 진행되었다. 2005년 말 8.8%에서 2006년 말 9.3%, 2007년 10월 말 9.8%로 고령화가 2005년 말 65세 이상 인구 436만5000명 5년 전보다 99만3000명이 늘어 29.5% 증가했다. 같은 기간 인구 증가율 2.3%에 비해 13배 증가하였다. 고령인구의 경제자립도는 매우 낮았다. 고령자 본인이 마련하는 사람은 전체 고령자의 30.2%에 불과하고 나머지 70%는 자식과 종교단체 등에 의지해 살고 있다[매일경제, 2007.2.9].

울산을 제외한 모든 시와 도가 고령화 시회로 진입하였다. 전남(17.7%) 경북(14.4%) 충남(14.2%) 전북(14.2%)은 고령인구 비중이 14%로 고령사회를 넘었다. 서울 부산 대구 인천 등은 7%를 넘어 고령화 사회에 진입했다.

전국 234개 시군구에서 63개 시군구가 고령인구 20%를 넘어 초고령 사회에 진입했다. 고령인구가 7% 미만인 곳은 47개에 불과했다[2005년 인구주택 총 조사, 매일경제, 2006.12.27].

고령화와 저출산의 급속한 진행은 총인구의 감소를 가져온다. 총인구는 2018년 4934만 명을 정점으로 감소세에 접어들 것으로 예측하고 있다. 인구 감소는 생산가능 인구(15세 이상 64세 이하 인구)의 감소로 나타난다. 특히 생산가능 인구는 총인구보다 빠르게 감소할 것으로 예측하고 있다[중앙일보, 2007.12.20]. 생산가능 인구 비중(2005년 기준)은 71.8%로 선진국 67.7%보다 높다. 또한 전체 인구에서 차지하는 고령자의 비중이 빠르게 증가하는 추세이다. 2005년 고령자 인구비중은 인구 100명당 9.1명이며 2050년에는 32.2명으로 예상하고 있다. 인구 3명당 1명이 65세 이상의 인구로 늘어날 전망이다.

고령화의 급진전은 저출산의 지속과 평균수명의 연장에 연유한다. 한국의 출산율은 1960년대 평균 6.0에서 꾸준히 감소하여 2005년에는 1.08명에 도달했다. 가임여성(15~49세)의 인구가 처음으로 감소세로 돌아섰고 65세 이상 노령인구는 급속히 증가했다[2005년 인구주택총조사, 매일경제, 2006.12.27].

가임여성 인구는 2005년 1309만7000명으로 5년 전보다 5만8000

명이 줄었다. 출생아 수에 직접 영향을 미치는 배우자 있는 가임여성 인구도 사상 처음으로 감소했다. 기혼여성의 평균출생아 수는 2.4명으로 5년 전보다 0.1명 줄었다. 가임여성의 평균 출생아 수는 1.7명에 불과했다. 기혼여성의 자녀수는 총 2명이 안 되는 것으로 예상되었다.

1. 경제에 미치는 영향

출산율 하락으로 인한 인구구조의 고령화는 다양한 경로를 통하여 잠재성장률에 영향을 미친다. **출산율 하락은 생산가능인구 및 취업자수 증가율 둔화에 직접적인 영향을 미친다.** 이것은 향후 잠재성장률 둔화의 핵심적인 요인으로 작용할 것이며, 인구구조의 변화는 취업자의 평균적인 인적자본지수에도 상당한 영향을 미친다. 한편 **피부양인구 비중의 증가는 저축률 하락을 유발하여 자본축적 속도를 둔화시키고 나아가 성장률을 낮추는 요인으로 작용한다.**

현재의 출산율 수준이 향후에도 지속될 경우 한국 경제의 잠재성장률은 2000년대 5.10%(4.56%), 2010년대 4.82%(4.21%), 2020년대 3.56% (2.91%), 2030년대 2.25%(1.60%), 2040년대 1.38%(0.74%)로 추정되었다.

고령화가 노동생산성에 미치는 변화를 보면 출산율 하락은 고령화를 촉진하여 노동력의 양적, 질적 하락을 유발할 가능성이 높은 반면, 다른 한편으로는 인적자본에 대한 투자 확대를 동반하여 노동력의 질적 향상을 가져오기도 하므로, 고령화의 진전이 미치는 노동생산성의 변화는 실증적으로 분석되어야 할 문제이다.

실제 추정결과에 의하면 1970년대 후반 이후 출생한 근로자는 동일 학력을 지닌 그 이전 세대에 비해 기본 생산능력이 저하되고 있는 것으로 추정되었다. 대졸 학력 소지자의 경우에는 1950년대 중반 이후 출생세대부터 노동력의 질이 이미 하락하여 온 것으로 추정됐다.

통계에 의하면, **우리나라의 경우 57세와 60세 사이에 은퇴가 집중되고 있어 조기은퇴비중이 상대적으로 크게 나타나고 있다. 은퇴 전·후의 소비수준은 우리나라의 경우 가구주의 은퇴 후 소비수준은 은퇴전 소비수준에 비해 거의 감소하지 않는 것으로 나타났다.** 이는 추후 인구고령화로 인한 은퇴자수의 증가가 저축 감소로 이어지게 됨을 시사하고 있다.

인구고령화는 민간저축을 감소시키고 정부저축 역시 감소시킬 가능성이 크므로 지속성장을 위한 저축증대정책이 매우 중요할 것이다. 이를 위해 퇴직연금, 개인연금 등을 활성화시키고, 재정건전화를 통한 국가채무감축 및 공적연금 개혁 노력이 필요하다. 또한 우리나라 은퇴연령은 주요선진국에 비해 다소 이른 편인 바, 이러한 조기은퇴경향을 완화시키기 위해 고령자 노동시장을 활성화시키고, 공적연금가입에 의한 조기은퇴유인의 축소와 고령자의 노동시장 참가유인의 확대가 필요하다.

인구구조 고령화는 거시경제를 비롯하여 노동시장, 금융시장 및 국가재정 등 국가재정 전반에 걸쳐 광범위한 영향을 미치게 된다. 특히 향후 20년 이후부터는 고령화에 따른 생산가능인구의 상대적 축소 및 저축률 하락에 따른 생산적 자본축적의 감소 등의 효과가 본격적으로 나타나기 시작할 것이며, 이에 따라 다른 조건들이 일정할 경우 인구고령화는 우리 경제의 잠재적 성장력을 낮추게 될 것이다.

또한 공적연금의 적자요인 누적 및 부과식(pay-as-you-go)으로의 이행, 정부이전지출의 지속적 확대 등 제도적 요인들도 이러한 잠재성장률의 하락을 가속화시키게 될 것이다. 이러한 변화 중 많은 부분은 불가피한 변화이다. 그러나 인구구조의 변화에 따라 부적합하게 될 각종 제도개선을 추진함으로써 이들이 향후 성장 및 거시경제 전반에 장애요인으로 작용하지 않도록 하는 것이 과제일 것이다.

2. 인구 · 소득 · 교육투자에 미치는 영향

고령화와 저출산의 급속한 진행은 총인구의 감소를 가져온다. 총인구는 2018년 4934만 명을 정점으로 감소세에 접어들 것으로 예측한다. 인구 감소는 생산가능 인구(15세 이상 64세 이하 인구)의 감소로 나타난다. 특히 생산가능 인구는 총인구보다 빠르게 감소할 것으로 예측하고 있다. 생산가능 인구 비중(2005년 기준)은 71.8%로 선진국 67.7%보다 높다.

또한 고령자의 비중이 빠르게 증가하는 추세이다. 평균수명은 1971년 62.3세, 2005년 78.6세로 꾸준히 증가하는 추세다. 2005년 고령자 인구비중은 인구 100명당 9.1명이며 2050년에는 32.2명으로 예상하고 있다. 인구 3명당 1명이 65세 이상의 인구로 늘어날 전망이다.

저출산의 원인은 첫째 청년실업과 비정규직 증가, 중장년층 조기퇴직 등 미래소득 불안정성 증가에 따른 소득 요인 둘째 자녀가 주는 물질적 편익은 감소하고 양육비용은 증가하는 요인 셋째 자아실현 개인만족의 선호 등 라이프스타일의 변화에 가치관 요인 넷째 여성의 경제적 역할 증대, 양성 불평등, 육아와 직장 양립의 어려움, 다섯째 영양 개선에 따른 영아 사망률 감소, 기초체력 개선, 의학의 발달과 건강에 관심 증대로 평균수명이 지속적으로 연장되어 온 것을 든다[중앙일보, 2007.12.20].

저 출산은 자녀 1인당 교육투자비 지출을 크게 증가시켰다. 자녀수가 1명 늘어날 때마다 교육투자에 대한 가계지출이 19% 증가했다. 반면 자녀수가 1명 감소할 때 1인당 교육 투자비지출은 67% 이상 늘었다. **자녀수가 줄어들지만 1인당 교육비 지출은 더 크게 늘어나면서 교육비 지출은 자녀수가 많을 때보다 더 크게 증가하는 셈이다**[한국은행, 금융경제연구원, 매일경제, 2007.7.6].

3. **장기적 경제성장에 미치는 영향**

급속한 고령화가 진행되면 앞으로 5년 뒤 10년간 잠재성장률이 4% 초반으로 하락할 수 있다. **잠재성장률은 1982~90년 8.6%에 달했으나 1982~2000년에는 6.3%로 하락한 후 2001~05년에는 4.4%로 추락했다. 잠재성장률이 떨어지면 실제 성장은 이 보다 더 떨어진다.** 고령화는 자본과 생산에 영향을 미쳐 잠재성장률 저하를 가속화할 것이고 노동시장에는 취업자수 부족과 근로시간 감소 등으로 일손부족 현상이 나타날 것이다[매일경제, 2006.12.19].

가계의 교육비지출이 크게 늘어나면서 저축률이 낮아지고 금융자산 축적도 늦어진다. **교육열로 인해 국민 1인당 교육비 지출은 세계 최고 수준에 도달했다. 하지만 교육성과는 선진국에 비해 크게 뒤져 인적자본이 효율적으로 축적되지 않는다. 따라서 이런 상황이 계속되면 과다한 교육비지출과 낮은 저축, 인적자본 축적의 미비에 따른 생산성 저하는 경제성장을 더디게 할 가능성이 높다.**

4. 고용에 미치는 영향

우리나라 인구고령화가 고용률 상승을 제약하면서 2004~2009년 고용률이 59.8%에서 58.6%로 1.2%포인트 하락하였고 이중 인구구조 변화에 따른 하락 효과는 0.6%포인트였다. 이 같은 현상은 앞으로도 계속 이어질 것으로 보인다. 저출산 · 고령화에 따른 인구구조의 변화만으로 고용률이 10년 뒤에 1.2%포인트 낮아질 것으로 보인다[연합뉴스, 2010.10.3, 기획재정부].

앞으로 10년 동안 한국의 인구구조 변화는 일본의 1990년대 변화 추이와 비슷하게 따라간다고 가정할 경우, 2010년부터 2020년까지 고용은 1.2%포인트 하락할 것이다. 이 기간 동안 **한국의 인구증가율은 1.12%에서 0.32%로 낮아지고 노인부양비(65세 이상 인구/15~64세 인구)는 15%에서 22%로 높아진다.**

이는 일본의 1990년대와 매우 비슷한 흐름이다. 일본에서는 1990~2000년 인구증가율이 1.14%에서 0.49%로 떨어지고 노인부양비가 17%에서 25%로 높아졌다. 이 기간 동안 일본의 고용률은 61.9%에서 59.5%로 2.4%포인트 하락했다.

생산가능 인구의 감소는 근로자 인구 감소로 이어져 경제성장을 둔화시키고 동시에 피부양자 인구 비중을 상승시킴으로서 저축 하락을 초래하고 자본축적을 저해하게 된다[중앙일보, 2007.12.20.]. 또한 생산가능인구의 감소와 더불어 일어나는 생산가능인구의 고령화다. 2005년 생산가능 인구 중 25세~49세 비중이 10명당 6명이고 50세 이상은 2명에 불과했으나 2050년에는 25세~49세 비중이 10명당 4.4명으로 감소하고 50세 이상은 4.1명으로 늘어날 것으로 예상한다[중앙일보, 2007.12.20.].

생산가능인구의 고령화 심화는 노동자 1인당 생산성 하락으로 이어진다. 근로자의 고령화는 생산성 저하를 초래하고 고령자에 대한 고임금 부담을 줄이기 위해 구조조정이 시도되는 등 대량실업 사태를 양산할 수 있다.

고령화에 따른 경제성장 둔화는 실업 증가를 가져올 수 있다. 생산가능 인구의 감소에서 오는 실업 증가의 억제 효과와 여성, 고령, 외국 인력의 시장진입 효과간의 양적 질적 수급 불균형(mismatch)에서 발생하는 구조적 실업이 개선될 가능성을 낮춘다. 결국 경제 전체적으로 2000년대 이후 경제성장이 잠재성장률 수준으로 떨어지고 실업이 현재수준보다 서서히 늘어날 것이다.

생산가능 인구의 감소는 근로자 인구 감소로 이어져 경제성장을 둔화시킨다. 피부양자 인구 비중을 상승시킴으로서 저축 하락을 초래하고 자본축적을 저해하게 된다. 생산가능인구의 감소와 더불어 생산가능인구의 고령화를 심화시킨다. 2005년 생산가능 인구 중 25

세~49세 비중이 10명당 6명이고 50세 이상은 2명에 불과했다. 2050년에는 25세~49세 비중이 10명당 4.4명으로 감소하고 50세 이상은 4.1명으로 늘어날 것으로 예상한다[중앙일보, 2007.12.20.].

고령화에 따른 생산가능인구의 감소에서 오는 실업 증가의 억제효과와 여성 고령 외국 인력의 시장진입 효과간의 양적 질적 수급불균형(mismatch)에서 발생하는 구조적 실업이 개선될 가능성은 낮다. 2000년대 이후 경제성장이 잠재성장률 수준으로 떨어지고 있어 실업이 현재수준보다 서서히 늘어날 것으로 예측한다.

65세 이상 인구는 436만5000명(2005년)으로 5년 전보다 29.5% 증가한 99만3000명이 늘어났으며 같은 기간 인구 증가율 2.3%에 비해 13배 증가하였지만 고령자의 경제자립도는 매우 낮다. 고령자 본인이 마련하는 사람은 전체 고령자의 30.2%에 불과하고 나머지 70%는 자식과 종교단체 등에 의지해 산다[매일경제, 2007.2.9].

5. 국민연금기금 및 국가재정에 미치는 영향

국민연금기금이 아직은 흑자상태이지만 2047년 기금 고갈이 현실화되면 국가재정부담이 급팽창할 가능성이 크다. 건강보험 재정부담도 고령화와 더불어 악화될 가능성이 많다. 또한 고령세대에 대한 젊은 세대의 부담 증가는 세대간 갈등을 유발하고 사회전체에 부작용을 초래할 수 있다.

6. 상품 및 서비스시장에 미치는 영향

저출산 고령화의 급진전은 상품시장에도 크게 영향을 미친다. 고령인구의 증가는 노인관련 상품시장을 활성화시킨다. 실버시장 규모는 2005년 25조원에서 2010년 10조원으로 증가할 것으로 예측된다. 고령화 심화는 소비자의 소비 패턴을 크게 빠른 속도로 변화시킨다. 자녀를 대체하는 애완동물 시장과 건강 비즈니스와 재테크 금융상품이 지속적으로 성장할 것이다.

7. 금융시장에 미치는 영향

고령화 진전은 2030년쯤 채권투자가 주식투자를 앞설 것으로 전망된다. 여유 있는 고령세대가 증가하면서 리스크가 낮은 안전자산(채권) 비중이 높아질 것으로 예상된다. 개인 보유 금융자산 중 주식 비중은 2010년 15%에서 절정을 이루고 2050년에는 1%대로 하락하고 채권비중은 4%에서 7%대로 높아지고 예 적금 비중은 80%에서 92%대로 늘어날 것으로 예상된다[한국은행, 금융경제연구원, 매일경제, 2007.7.6].

8. 주택시장에 미치는 영향

총인구 2005년 약4813명에서 2020년 4996만 명으로 증가한 후 감소세로 돌아서고 총 가구는 지속적인 핵가족화로 2005년 1578만 9000가구에서 2020년 1815만8000가구로 늘어날 것으로 전망한다.

이 같은 인구 구조의 변화와 핵가족화는 중소형 아파트, 전원주택, 타운 하우스 등의 주택수요가 늘어나고 중대형 아파트가 시들해질 것으로 전망한다. 수요가 줄어들고 공급이 늘어나는 수급불일치가 전반적으로 주택가격을 하락시킬 것으로 전망한다[매일경제, 2007.4.9].

총 가구 중 1인 가구 점유 비중이 꾸준히 증가하는 추세로 총 가구에서 1인 가구가 차지하는 비중은 1990년 9.0% 1995년 12.7% 2000년 15.5% 2005년에는 20%(317만1000가구)을 차지했다.

나 홀로 가구의 단독주택비율은 줄고 있는 반면 아파트, 다세대주택, 오피스텔은 증가하는 추세다. 1인 가구의 증가와 주거형태의 변화는 전세수요와 부동산 가격의 급등을 가져올 수 있다[매일경제 2006.12.27].

총 가구에서 1인 가구가 차지하는 비중이 꾸준히 증가하고 있다. 1인 가구 비중이 1990년 9.0% 1995년 12.7% 2000년 15.5% 2005년에는 317만1000가구로 총가구의 20%를 차지했다. 1인 가구의 단독주택비율은 줄고 있는 반면 아파트 다세대주택 오피스텔은 증가하는 추세다. 1인 가구의 증가와 주거형태 변화는 부동산시장에 영향을 미치고 있다. 전세수요와 부동산 가격의 급등은 1인 가구에 있다[매일경제 2006.12.27].

베이비부머(1955~1963년생)들이 2010년쯤 은퇴기에 접어들면서 일정한 수입이 없는 노인층이 부유세 부담 등으로 기존에 살던 중대형아파트를 처분하면 주택공급이 늘면서 가격이 하락할 가능성이 크다[매일경제, 2007.4.9]. 또한 주택공급 물량을 지속적으로 늘리고 있는 확대 정책도 장기적으로 볼 때 주택가격 하락 내지 안정을 가져오는데 일조 할 것으로 예상한다.

주택수요는 계속 증가해 2008년 44만 가구로 정점에 도달한 후 2020년에는 37만호에 그친 반면 신규 주택은 2012년까지 연평균 50만 가구가 서울 및 수도권 지역을 중심으로 공급되면서 서울의 주택보급률이 2000년 77.4%에서 2012년 110.6%로 증가한다. 전국 기준으로는 2000년 96.2%에서 2012년 116.7%로 상승한다[매일경제, 2007.4.9]. 수급불균형 상태를 가져올 수 있다.

이 같은 전망은 소득의 지속적인 증가와 인구구조 변화를 고려하지 않는 근거해서 예측한 것으로 주택 값에 더 큰 영향을 주는 가구수 등을 고려하지 않은 인구변화와 주택보급에만 근거한 것으로 비판하다[매일경제, 2007.4.9].

만약 향후 주택수요가 소득 증가에 더 크게 영향을 받는다면 앞으로 장기 주택수요는 점차 감소하나 총량 주택수요는 증가할 수 있다. 선진국에서 소득수준이 2만 달러에 이르면 고급 대형주택에 대한 수요가 증가했다는 사례가 있다[매일경제, 2007.4.9].

그 밖에 이직 한국인 1인당 주거면적은 6.9평(2005년)으로 일본의 11평, 미국의 20평에 비해 크게 떨어진 상태이며 10년 뒤 일본수준을 따라 잡는다하더라도 가구당 30~40평대는 족히 필요하므로 잠재 주택수요는 충분하다는 것이다[매일경제, 2007.4.9].

따라서 주택수요는 계속 이어질 것으로 보면 대형 고급 주택에 대한 선호도 높아져 인구구조 변화에 따른 충격을 흡수할 수 있을 것으로 점친다. 특히 1인 가구들도 소형보다 40평형대 중형을 선호하였다[신한은행 리서치, 매일경제, 2007.4.9].

9. 지역에 미치는 영향

한국의 도시와 지방은 울산을 제외하고 전국적으로 고령화 시회로 진입했다. 전남(17.7%) 경북(14.4%) 충남(14.2%) 전북(14.2%)은 고령인구 비중이 14%로 고령사회를 넘었다. 서울 부산 대구 인천 등은 7%를 넘어 고령화 사회에 진입했다. 전국 234개 시군구에서 63개 시군구가 고령인구 20%를 넘어 초고령 사회에 진입했다. 고령인구가 7% 미만인 곳은 47개에 불과했다[2005년 인구주택 총 조사, 매일경제, 2006.12.27.]. 전라 남북 도는 초고령화 사회로 진입한 결과 다른 도에 비해 상대적으로 근로인구 공급을 거의 할 수 없는 상황으로 내몰리고 있다. 젊은 인구 부재는 생산, 문화, 기업 활동 등 모든 분야에서 활기를 잃은 죽은 지역으로 황폐화 하고 있다.

저출산 고령화가 지역경제에 미칠 영향이다. 부동산 시장에 미치는 영향 중 가장 주목할 것은 수도권에서 경기 남부지역이다. 2020년 경기지역 인구는 계속 유입인구가 늘어날 것으로 전망된다. 2006년 1095만4856명에서 2020년에는 1346만8050명으로 증가할 것으로 예측된다[매일경제, 2007.4.10].

이들 중 상당수는 분당, 판교, 용인 등 경기 남부에 집중될 가능성이다. 서울 서부와 인천 중간지대 신도시 인구 증가가 전망된다. 지방은 대전 청주 등 해정복합도시 이외에는 계속 인구 유출이 심화되면서 부동산 경기가 장기적으로 침체될 가능성이 크다[매일경제, 2007.4.10].

전라도는 초고령화 사회 진입과 인구 유출, 사회 문화 교육 등의 악조건으로 인구가 계속 줄어들고 노령인구가 급속히 늘면서 상대적으로 다른 도에 비해 커다란 수급불일치 양상을 띤 가운데 근로인구를 공급할 수 없는 상황이 된다. 근로인구의 제약은 지역경제 발전의 발목을 잡을 것으로 예상된다. 농촌에는 고령자들만이 집을 지키고 있고 젊은 인구를 찾아보기 힘들어 생산, 문화, 기업 활동 등 모든 분야에서 활기를 잃은 죽은 지역이 되고 있다.

20. 한국은 은퇴도, 황혼도 없다

서울의 장노년층 취업자 수가 청년 취업자 수를 추월했다. 결혼, 이혼도 20년 전과 비교해 큰 폭으로 늘었다. 은퇴도, 황혼도 없는 5060세대의 자화상이다. 인생은 일회적인데 즐겨야 할 황혼기가 죽기 직전까지 일해야 하는 게 한국현실이다[서울 = 연합뉴스, 이정현 기자, 2013.9.29].

서울시의 경우, 55세 이상 취업자는 2000년 54만5천명에서 작년 95만6천명으로 41만1천명(75.4%) 증가했다. 반면, 15~29세 청년층 취업자는 2000년 129만4천명에서 작년 90만3천명으로 39만1천명(30.2%)이 줄어들어 55세 이상 취업자보다 수가 적어졌다.

65세 이상 고령자 중 경제활동 인구도 2000년 11만8천명에서 작년 25만8천명으로 12년 새 2.2배 증가했다. 전체 취업자 중 65세 이상 비중도 2.5%에서 5.1%로 늘었다.

노년층의 결혼과 이혼도 급증했다. 65세 이상 혼인은 1992년 188건이었지만 작년에는 760건으로 4배 이상 늘었다. 이중 남성 노인의 결혼은 같은 기간 158건에서 547건으로, 여성 노인의 결혼은 30건에서 213건으로 증가했다.

이혼은 20년 새 11배 이상 늘었다. 남성 노인의 이혼은 1992년 119건에서 1천156건으로, 여성 노인의 이혼은 30건에서 500건으로 증가했다.

70세 이상 노인 진료비도 급증했다. 모든 연령층에서 진료비가 증가했지만 특히 50대 이후에서 배 이상 늘었다. 70세 이상 노인 진료비는 2006년 6천666억원에서 2011년 2조807억원으로 3배 넘게 늘었고, 60~69세는 7천493억원에서 1조8천216억원으로 배 이상이 됐다. 고령화로 만성질환자가 늘기도 했지만 건강에 대한 관심과 고가의 의료서비스에 대한 관심이 확대된 것도 영향을 미친 것 같다.

은퇴도, 황혼도 없는 5060세대의 자화상이 이토록 처량하고 무거운 경제생활인데 농촌지역주민들은 어떻게 살고 있을 것인가는 삼척동자도 다 알만한 일이다.

21. 한국의 출생자, 사망자 수와 자연인구

한국은 2012년 하루 1천323명꼴로 태어나고 730명꼴로 사망함으로서 합계 출산율은 1.30명으로 11년 만에 초(超) 저출산국을 탈출할 수 있을 것으로 보인다. 2012년 태어난 아이는 전년보다 1만3천명(2.8%) 늘어난 48만4천300명으로 3년째 증가했다. 2007년(49만3천200명) 이래 가장 많았다.

인구 1천 명당 출생아 수를 말하는 조(粗)출생률은 9.6명으로 전년보다 0.2명 늘었다. **여성 1명이 평생 낳을 것으로 예상하는 평균 출생아 수를 뜻하는 합계출산율은 지난해 1.30명으로 3년째 상승했다.** 우리나라의 합계출산율은 2001년 '초저출산'의 기준선으로 꼽히는 1.30명으로 줄어든 데 이어 2005년 1.08명으로 최저치를 기록하고서 2008년 1.19명, 2011년 1.24명으로 서서히 회복하고 있다.

합계출산율이 1.30명 이하로 45년간 유지되면 전체 인구가 절반

이하로 줄어들기 때문에 우리나라는 그 경계선에 있는 셈이다. 연령별 합계출산율은 20대에선 하락하고 30대가 올랐다. 가장 높은 출산율을 보이는 연령층이 2007년을 기준으로 20대 후반에서 30대 초반으로 바뀐 이후 그 차이가 더 벌어지는 추세다. 출생 여아 100명당 남아 수인 성비(性比)는 105.7로 전년과 같았다. 통상 103~107이면 정상적인 성비로 본다. 특히 10년 전 140을 넘던 셋째 아 성비도 꾸준히 떨어져 109.2를 기록했다. 남아선호 사상이 퇴색하고 제도적으로 선택적 출산이 어려워졌기 때문으로 보인다.

시도별로는 강원(0.0%)을 제외한 모든 지역에서 출생아가 증가했다. 인천(6.5%), 울산(6.1%), 제주(7.1%)의 증가율이 두드러졌다. 2012년 12월 기준으론 출생아 수는 3만4천300명으로 전년 같은 달보다 300명(0.9%) 늘었다. 출생아 수의 전년 동월 대비 증가세는 지난해 5월 이후 8개월째 이어졌다.

사망자는 2012년 26만7천300명으로 전년보다 9천900명(3.8%) 늘었다. 사망자는 1983년 이래 최대치다. **인구 1천 명당 사망자 수인 조사망률은 5.3명으로 전년보다 0.2명 늘었다.** 하루 평균 730명꼴로, 1분58초에 1명꼴로 사망했다.

대부분 연령층에서 사망률이 감소했으나 인구 고령화로 70세 이상 사망자 수는 1만3천명(8.1%) 늘었다. 사망률 성비는 1.2배로 남자의 사망률이 여자보다 높았으며, 특히 50대의 사망률 성비는 2.9배에 달했다. 월별 사망은 2월에 전체의 9.3%가 몰려 가장 많았고 1·3월(9.0%)이 뒤를 이었다. 6·7·9월(7.6%)이 가장 적었다.

65세 이상 고령층 사망자의 월별 비중은 2월(9.7%)에 최대였다. 14세 이하 유소년은 4월(9.1%)에 가장 많았다. 사망 장소는 의료기관이 70.1%로 증가세가 이어졌다. 시도별 조사망률은 전남, 세종, 경북이 높고 울산, 서울이 낮았다.

자연인구 증가 수(출생아수-사망자수)는 2012년 21만7천명으로 전년보다 3천명 늘었다. **인구 1천 명당 자연증가수를 말하는 자연인구증가율은 4.3명으로 10년 전보다 0.8명 감소했다.** 12월 사망자수는 2만3천300명으로 전년 같은 달보다 700명(3.1%) 늘었다.

한국은 17개 광역자치단체 가운데 전남 · 북과 강원 등 3개도에서 출생아 수에서 사망자 수를 뺀 자연증가 인구가 마이너스(-)를 기록했다. 그간 전남 등에서 일시적으로 데드 크로스가 나타난 적은 있지만 3개 지역에서 한꺼번에 발생한 것은 이번이 처음이다. 조만간 연간 기준 자연증가 인구가 마이너스를 기록하는 광역지자체가 나올 것으로 예상된다.

인구 자연 감소가 가장 심한 곳은 전남이다. 전남은 지난해 12월

약 1,200명이 출생하고 1,500명이 사망했다. 사망자가 출생아 수를 앞지른 게 지난해에만 월 기준으로 3번에 달했다. 전북은 1,100명이 출생하고 1,200명이 사망했으며, 강원은 출생아 900명에 사망자 1,000명을 기록했다. 강원은 사상 처음 데드크로스가 발생했으며 전북은 24개월 만에 처음이다.

경북의 경우 출생아와 사망자 수가 1,800명으로 동수를 기록했다. 이에 따라 연간 기준 출생아와 사망자 수 격차도 점차 줄어드는 추세다. 전남은 지난해 1만7,000명이 출생하고 1만6,800명이 사망해 양자 간 격차가 200명에 불과했다. 2010년 700명, 2011년 500명 등 해마다 격차가 줄어드는 추세여서 올해 연간 기준 데드크로스가 발생할 가능성이 높다. 강원(1,400명), 전북(2,600명) 경북(3,900명) 등도 출생아와 사망자 수 격차가 크지 않았다. 이 같은 현상은 농촌 지역의 젊은 층 이탈로 고령화가 심화하고 있기 때문이다.

전남(-0.25%), 전북(-0.04%), 경북(-0.03%) 등 농촌 지역의 전체 인구 감소가 지속되고 있는 것으로 확인되고 있다. 2012년 12월 기록적인 한파로 고령층 사망자가 증가함에 따라 노인들이 상대적으로 많이 거주하는 전남·북과 강원 등 3개 지역에서 사망자가 출생아 수를 앞지르는 이례적인 현상이 발생한 것으로 보인다[통계청; 2012년 주민등록인구 증감 현황].

22. 한국의 도시화와 선거인 수 분포

한국 사회는 산업화와 도시화 과정에서 특정 지역으로 몰리는 인구 집중화 현상은 선거인 수에서도 확연하게 나타나고 있다. 이와 같은 현상은 민주주의 정치 발전과 정치의식 수준 제고 등에도 부정적인 영향을 미치고 있다.

한국의 총 유권자 수는 총 4130만4394명으로 집계됐다. 이는 2010년 지방선거보다 244만2631명이 증가한 것이다. 선거인 내역을 세부적으로 보면 남성이 49.5%인 2045만891명이고 여성은 50.5%인 2085만3503명으로 여성 유권자가 더 많다[안전행정부; 선거인명부 작성/2014.5 13 기준].

연령대별로는 40대가 21.7%(897만188명)로 가장 많았고, 50대는 19.7%(814만7337명), 30대 19.2%(792만7883명), 20대 16%(661만710명), 60대 11.1%(456만9594명), 70대 이상 10.6%(437만5780명)순으로

나타났다. 19세 유권자는 70만2902명으로 전체의 1.7%를 차지했다.

지역별로는 경기도 유권자가 968만920명으로 가장 많고 서울 844만3134명, 부산 293만2772명 순이다. 경기도와 서울 및 부산을 합친 총 유권자 수는 전체 유권자 수 4130만4394명 중 2천1백056만8826명으로 약 51%에 이른다. 세종시 유권자는 12만8936명으로 가장 적었다[머니투데이 기성훈 기자, 2014.5.16].

수도권 인구와 의석수

전국인구	47,041,434명[2005년, 통계청]
전국 의석수	243석[2008년, 매일경제 2008.2.6.]
1의석 당 인구수	193,586명
	* 서울 인천 경기도 전체 인구의 48% 로 거의 절반 총의석수 109석 전국 총의석수의 45% 차지함.
1의석 당 인구 수	207,534명
인구비중	48.08%

경상도 인구와 의석수

경북도	2,594,719명
대구	2,456,016명
경남도	3,040,993명
부산	3,512,547명
울산	1,044,934명
소계	12,649,209명
총의석수	68석
1의석 당 인구수	186,017명
인구 비중	26.89%

충청도 인구와 의석수

충북도	1,453,872명
충남도	1,879,417명
대전	1,438,551명
소계	4,771,840명
총의석수	24석
1의석 당 인구수	198,826명
인구 비중	10.14%

전라도 인구와 의석수

전북도	1,778,879명
전남도	1,815,174명
광주	1,413,644명
소계	5,007,697명
총의석수	31석
1의석 당 인구수	161,538명
인구 비중	10.65%

강원도 인구와 의석수

강원도	1,460,770명
총의석수	8석
1의석 당 인구수	182,596명
인구 비중	3.11%

제주도 인구와 의석수

제주도	530,686명
총의석수	3석
1의석 당 인구수	176,895명
인구 비중	1.13%

23. 도시화와 생활환경

한국의 정치 환경은 남북대립으로 인해 많은 추가 비용을 유발하고 이념 대립을 낳고 있다. 한국인들은 남북의 같은 민족끼리 날카롭게 대립하고 있다. 이러한 냉전구도는 각종 부작용을 낳고 있다. 분단은 남한 내 지역 분열까지 낳고 있다. 사상적 대립과 막대한 군비지출, 재정운용의 제약 등 각종 비용과 부담을 유발하고 있다.

한국의 도시 환경은 1953년 동란 이후 지속적인 산업화 과정을 거치면서 도시 내부와 도농 간의 현격한 이중구조에 시달리고 있다. 1960년 시 인구 약 700만과 읍 인구 약 266만의 도시인구는 전체인구의 39.2%를 차지하였다[1960년 인구센서스].

1960년대에 들어서 공업화가 진행되면서 도시화는 가속 페달을 밟기 시작하였다. 1970년 도시인구는 1551만 명으로 전체 인구의

50%를 넘었다. 인구 50만 이상의 도시와 위성도시의 도시화는 빠르게 진행된 반면 중소도시는 미약하게 늘어난 결과 전체 인구의 도시화 비율은 1980년 57.3%, 1989년에는 73.1%로 급속히 증대하였다.

도시인구 성장 추이

집권자	통치기간	도시인구 연평균 성장률	도시화 진전 과정
이승만 1,2,3대	1948~1960년 12년	1950~60년 전 세계 2.35% 개발도상지역 4.68% 한국 4.86%	1950년 도시화율 24.5% 도시 수 25개 시 인구 5274천 명
윤보선 4대	1960~1962년	1960~70년 전 세계 2.91% 개발도상지역 3.98% 한국 6.45%	1960년 도시화율 28.0% 도시 수 27개 시 인구 6997천 명
박정희 5,6,7,8, 9대	1963~1979년 16년	1970~75년 전 세계 2.84% 개발도상지역 3.75% 한국 5.37% 1975~80년 전 세계 2.93% 개발도상지역 4.06% 1975~78년 한국 4.89%	1970년 도시화율 32.3% 도시 수 32개 시 인구 9267천 명 1975년 도시화율 41.2% 도시 수 35개 시 인구 12955천 명
최규하	1979~1980년	-	-
전두환 11,12대	1980~1988년 8년	-	1980년 도시화율 48.3% 도시 수 40개 시 인구 16792천 명

노태우 13대	1988~1993년 5년	-	1985년 도시화율 64.3% 도시 수 50개 시 인구 25876천 명

자료; 도시인구 성장률은 U.N., Patterns of Urban and Rural Growth, 1980, Table 2-2를 김선웅(1980년)에서 재인용, 도시화 진정과정은 김안제, 61개 시대의 의미, 도시문제(20), 12. 1985.P. 22 재인용

한국의 도시 인구는 유럽 도시들과 비교해 볼 때 소수 도시에 집중적으로 몰리는 양상으로 팽창했다. 이런 도시는 대부분 과도한 인구밀도를 가져왔다. **유럽 도시와 농촌의 생활환경은 완전히 평준화돼 있고 현대화된 반면 한국의 도시들의 생활환경은 유럽수준에도 크게 뒤 떨어져 있을 뿐만 아니라 한국 농촌 역시 매우 열악한 생활환경 차이가 드러낸다. 한국의 농촌생활수준은 개발도상국 수준을 벗어나지 못하고 있다.**

순위	영문표기	한글 표기	한자 표기	1995년	2000년	2005년	
1	Seoul	서울	-	10.231.217	9.853.972	9.762.546	Seoul
2	Busan	부산	釜山	3.745.784	3.587.562	3.439.916	Busan
3	Incheon	인천	仁川	2.230.818	2.392.745	2.447.714	Incheon
4	Daegu	대구	大邱	2.332.398	2.326.118	2.306.695	Daegu
5	Daejeon	대전	大田	1.272.121	1.365.961	1.438.551	Daejeon
6	Gwangju	광주	光州	1.257.636	1.350.948	1.413.644	Gwangju
7	Suwon	수원	水原	755.550	944.239	1.039.233	Gyeonggi-do
8	Seongnam	성남	城南	869.094	912.222	931.019	Gyeonggi-do
9	Ulsan	울산	蔚山	782.291	851.751	880.788	Ulsan
10	Goyang	고양	高陽	518.282	762.598	864.402	Gyeonggi-do
11	Bucheon	부천	富川	779.412	757.832	833.931	Gyeonggi-do
12	Yongin	용인	龍仁	55.505	76.689	686.842	Gyeonggi-do

13	Ansan	안산	安山	510,314	554,998	669,839	Gyeonggi-do
14	Cheongju	청주	淸州	531,376	585,622	640,631	Chungcheongbuk-do
15	Jeonju	전주	全州	563,153	615,804	622,092	Jeollabuk-do
16	Anyang	안양	安養	591,106	578,845	609,886	Gyeonggi-do
17	Changwon	창원	昌原	446,241	472,151	456,338	Gyeongsangnam-do
18	Masan	마산	馬山	385,983	357,973	426,784	Gyeongsangnam-do
19	Uijeongbu	의정부	議政府	276,111	354,422	397,694	Gyeonggi-do
20	Siheung	시흥	始興	133,443	304,260	384,304	Gyeonggi-do
21	Cheonan	천안	天安	221,733	285,098	330,153	Chungcheongnam-do
22	Gwangmyeong	광명	光明	350,914	333,596	319,452	Gyeonggi-do
23	Pohang	포항	浦項	334,017	332,056	318,988	Gyeongsangbuk-do
24	Gumi	구미	龜尾	248,994	264,686	315,868	Gyeongsangbuk-do
25	Jeju	제주	濟州	258,511	279,529	310,713	Jeju-do
26	Gimhae	김해	金海	174,637	247,716	286,349	Gyeongsangnam-do
27	Jinju	진주	晋州	266,418	279,524	274,955	Gyeongsangnam-do
28	Gunpo	군포	軍浦	235,233	262,593	268,917	Gyeonggi-do
29	Pyeongtaek	평택	平澤	205,310	230,265	244,761	Gyeonggi-do
30	Mokpo	목포	木浦	247,452	250,336	244,543	Jeollanam-do
31	Iksan	익산	益山	232,139	244,234	241,566	Jeollabuk-do
32	Yeosu	여수	麗水	183,596	253,462	236,356	Jeollanam-do
33	Wonju	원주	原州	184,378	209,606	224,651	Gangwon-do
34	Gunsan	군산	群山	210,766	219,710	208,867	Jeollabuk-do
35	Chuncheon	춘천	春川	197,354	197,470	206,888	Gangwon-do
36	Suncheon	순천	順天	180,179	197,400	199,225	Jeollanam-do
37	Guri	구리	九里	141,173	160,485	186,954	Gyeonggi-do
38	Gangneung	강릉	江陵	158,716	165,468	167,147	Gangwon-do
39	Chungju	충주	忠州	146,977	162,262	156,032	Chungcheongbuk-do
40	Gyeongju	경주	慶州	151,043	151,426	153,344	Gyeongsangbuk-do
41	Jinhae	진해	鎭海	125,997	127,134	149,128	Gyeongsangnam-do
42	Uiwang	의왕	儀旺	108,788	117,594	143,568	Gyeonggi-do
43	Pocheon	포천	抱川	23,690	135,758	139,472	Gyeonggi-do
44	Osan	오산	烏山	70,488	102,287	131,792	Gyeonggi-do
45	Gyeongsan	경산	慶山	86,230	107,232	131,771	Gyeongsangbuk-do
46	Gimpo	김포	金浦	43,679	86,288	125,312	Gyeonggi-do
47	Taean	태안	泰安	25,892	42,121	123,491	Chungcheongnam-do
48	Hanam	하남	河南	115,812	120,149	121,646	Gyeonggi-do
49	Namyangju	남양주	南楊州	72,994	77,965	116,160	Gyeonggi-do
50	Andong	안동	安東	125,913	126,290	112,833	Gyeongsangbuk-do
51	Jecheon	제천	堤川	106,377	114,696	107,501	Chungcheongbuk-do

한국은 2000년대 들어서 서울, 부산, 대구 등 주요 거점도시의 경제가 쇠퇴하고 있는 반면 경기, 인천, 충북, 충남 지역의 경제 활력

은 커진 것으로 나타났다. 연평균 소득과 인구 증가율이 모두 전국 평균을 웃도는 곳을 성장지역으로, 둘 다 밑도는 곳을 쇠퇴지역으로, 인구 증가율은 전국 평균을 넘지만 소득 증가율이 평균에 못 미치면 정체지역으로, 그 반대는 잠재적 성장지역으로 분류했을 때, 기간은 1기(1990~1997년)와 2기(1998~2012년)로 나눠보면 서울, 부산, 전남, 전북, 강원, 제주는 두 기간 모두 쇠퇴지역에 속했다. 1기 때 정체지역과 성장지역으로 각각 분류된 대구와 경남은 2기 때 쇠퇴지역으로 편입됐다.

대전, 광주는 성장지역에서 정체지역으로 밀려났다. 서울, 부산, 대구, 대전 등 대도시권에는 고학력의 생산가능인구가 몰려 있지만 이들의 눈높이에 맞는 일자리가 부족한 것이 지역경제의 활력을 떨어뜨리는 요인이었다.

전남, 전북, 강원 등의 경제가 쇠퇴한 것은 약한 산업 및 교육기반 탓해 생산가능인구가 인근 광역시나 수도권으로 일자리를 찾아 옮겼기 때문으로 풀이됐다. **반면 경기, 인천은 1, 2기 모두 성장지역에 속했다. 충남은 쇠퇴지역에서 성장지역으로, 충북은 잠재적 성장지역에서 성장지역으로 발전했다.** 특히 충남의 소득 지수 순위가 14위에서 1위로 뛰며 경기를 2위로 밀어냈다. 경북은 쇠퇴지역에서 잠재적 성장지역으로 올라섰다.

경기, 인천에는 국내 제조업체들이 몰려 있고 1인당 소득이 상대적으로 높은 점이 지역경제에 온기를 불어넣은 것으로 본다. 충남의 경우 정부가 수도권에 집중된 경제 활동을 나눠 맡을 지역으로 육성하고 이에 따라 많은 기업이 둥지를 틀면서 비약적인 발전을 하고 있다[서울=연합뉴스 김문성 기자, 2014.9.10/ 산업연구원; 인구구조 변화에 따른 지역경제 성장패턴 분석].

한국은 지속적인 경제성장 과정에서 서울지역 내에서 뿐만 아니라 지방과 지역의 소득불균형을 심화시키는 방향으로 발전했다. 특히 공업화와 도시화가 급속히 진행되고 인구 집중이 심화되는 곳인 서울시의 경우 주민들의 소득 불균형이 지난 10년간 급속도로 진행되었다.

2009년 서울 전역의 지니계수는 0.34로 2001년 0.30보다 커졌다. 소득 불평등도를 나타내는 지니계수는 숫자가 커지면서 양극화가 심해졌다는 의미다. 2001년 서울 전체 시민의 소득 1분위 월 평균 소득은 65만원, 5분위 평균은 305만원으로 4.68배 차이가 났다.

반면 2009년엔 1분위(77만원)와 5분위(469만원) 간 소득 격차가 6.03배로 확대됐다. 강남 지역 대비 각 지역 소득비율은 수치상으로 2001년에 비해 개선됐다. 그러나 도심권을 제외한 모든 지역에서 2001년과 2009년 간 소득비율 차이가 크지 않은 점 등을 고려하면 강남과 소득격차가 줄었다고 말하기 어렵다[윤형호 서울시정개발연구원 연구위원, 매일경제, 2011.10.14].

박정희 군부의 과거 지역개발전략은 울산 창원 부산 구미 대구 경산 포항 마산 거제도 등 중심으로 한 거점지역을 집중적으로 개발하는 정책을 추구하였다. 그 결과 서울 수도권과 경상도 지역은 다양한 양상의 공업지대로 탈바꿈됐다.

지역개발에 편승한 경상도 기업들은 고도성장 속에서 지속적으로 성장할 수 있었고 산업전반을 장악할 수 있었다. 개발거점 지역은 지난 60년 동안 지속적인 개발과 성장 혜택을 입으며 부를 집적하였다.

번성한 지역들은 서로 클러스터를 형성하며 발전의 가속 페달을 밟을 수 있었다. 결과적으로 서울 수도권과 경상도 지역은 국가발전의 코어(core)였으며 그 밖의 지역은 주변부에 불과한 양상으로 발전했다. 핵심지역은 경제발전 무대의 주연 배우였으며 나머지는 전부 조수 역할에 불과하였다[인터넷 뉴시스, 2007.7.22].

이처럼 박정희 - 전두환 - 노태우 군부의 불균형개발전략은 지방간의 경제력 양극화를 심화시킨 단초를 제공하였다. 지역 경제의 극심한 양극화는 돈의 흐름에서도 그대로 나타나고 있다.

2006년 금융기관 대출금 잔액은 916조7126억 원 가운데 2/3가 서울 수도권에 집중되었다. 서울 수도권과 영남의 돈줄은 여타 지역을 압도 한다; 서울 352조4225억원, 경기 226조6315억원, 영남 184조9095억원, 충남 64조6004억원, 호남 62조8786억원[자료; 한국은행, 중앙일보, 2007.2.13]

한국의 경제개발이 낳은 지역별 소득 격차는 다시 거꾸로 권력자의 출신지역 중심으로 한 집중 개발과 편중적인 공장입지 배치, 지역적 편중 개발과 대기업 공장의 편중적인 소재를 낳는 악순환을 가져왔다. 군부의 불균형개발정책이 가져온 지역개발 격차가 지역간 소득격차를 유발했다[매일경제, 2007.1.30].

한국의 경제성장은 저소득계층의 소득 대비 주거비 비율이 악화시켰다. 도시근로자가구 소득별 10분위 단계에서 소득이 가장 낮은 1분위에 속한 계층의 소득 대비 주거비 비율은 1991년 9.2% 이후 2004년에는 13년 만에 최고 수준인 7.9%로 상승하였다. 이처럼 상승한 이유는 1분위 계층의 월평균 소득이 79만907원으로 전년보다 1.1% 늘어난데 반해 월평균 주거비는 5만9982원으로 4,2% 증가했기 때문이다.

소득 증가율이 주거비 증가율을 따라가지 못하고 있다. 반면 소득수준이 가장 높은 10분위 계층의 주거비비율은 지난해 1.3%에 그쳤다. 이러한 양극화 현상은 월급으로 내 집 마련이 빠듯한 최저소득층은 월세, 주택수리비 등 부담이 커지고 있는데 반해 최고소득층은 대부분 자기 집을 보유하고 있는데 기인한다[매일경제신문, 2005.3.8].

1억 원 이상 연봉에 해당하는 과세표준 8000만 원 이상의 고액연봉 근로자는 2001년 약 2만1000명, 2003년 3만 명, 2004년 4만 명, 2005년 5만 3000명을 돌파했다. 4000만 원 이상 금융소득(이자, 배당 등 금융소득 종합과세 기준 금액)을 벌어드린 금융부자는 2만 3990명으로 2005년에 비해 806명 늘었다.

금융부자들의 지역별 분포를 보면 대부분 서울 수도권과 부산 대구 지역이 압도적으로 많았다[국세통계연보, 조선경제, 2007.2.7]; 서울(1만 3522명) 65%, 서울과 수도권 74%, 부산(1858명), 대구(1039명).

납세 근로자의 급여가 가장 높은 지역은 가장 빠르게 발전한 울산지역이다. 울산의 근로자 급여는 평균 4234만원이다. 서울 지역 내에서도 구에 따라 소득 격차가 크다. 근로자 가구 월평균소득(15세 이상 4만9065명 조사)이 가장 높은 곳은 서초, 강남, 송파 등이다; 서초구 381만1천원, 강남구 355만5천원, 송파구 328만5천원. 월평균 소득이 500만 원 이상 가구도 서초구 27.8%, 강남 22.7%다[2005년 서울 서베이, 조선일보, 2007.1.17].

24. 도시화와 농촌현실

세계 인구는 조만간 70억 명을 돌파한다. 세계의 인구밀도는 지역에 따라 현저한 차이를 보이고 있다. 방글라데시 1000명, 독일 230명 스위스 180명, 몽고 2명 등 천차만별의 밀도를 보이고 있다.

세계의 노동력 공급은 10년 사이 두 배로 증가하였다. 그 사이 한국경제도 급속히 성장하면서 인도, 중국, 베트남, 중동계통 외국인 노동력이 국내로 유입되는 현상이 나타나고 있다.

중국, 인도 및 세계경제활동인구

전 세계 경제활동인구	중국	인도
2000년 27억9800만 명 2006년 29억5900만 명	7억3900만 명(26.4%) 7억9100만 명(26.7%)	3억9600만 명(14.2%) 4억9600만 명(16.8%)

특히 1997년 아시아 위기 때 한국이 빠른 속도로 회복한 이후 필리핀인, 인도인 파키스탄 등 아시아계 노동자들이 국내 공장에서 일하기 위해 국내 유입이 크게 증가하고 있다. 이들 외국인 노동자들은 대부분 불법을 피하기 위해 지방에서 일하고 있다.

1995년 등록 노동자들은 124.000명에서 1백2십만 명(단기 노동자를 포함한 추산치, 관광객 제외)으로 늘어났다. 특히, 저렴한 외국인 고급 두뇌와 값싼 외국인 노동력이 국내로 유입되고 있다. 그러나 기업들이 값싼 해외 노동력을 사용하면 자국민의 일자리를 잠식 당할 수 있다.

한국은 높은 임금과 노동시장 경직성, 해외공장 이전 등의 요인으로 국내의 노동수급 불균형이 확대되면서 3D업종은 외국인에게 국내 일자리를 넘겨주고 있다.

2007년은 도시 인구가 세계 전 인구의 절반이 됐다. 오늘날 인구 100만이 넘는 도시는 350개가 넘는다. **선진국의 도시 인구는 매년 0.5% 이하로 증가했다. 반면 개발도상국의 도시인구는 평균 2% 이상으로 증가했다. 그러나 아시아의 도시인구는 6.9%로 초고속으로 증가했다.**

이 같은 증가세로 계속 이어가면 전 세계 개발도상국들의 도시인구는 앞으로 30년 동안 20억 명에서 40억 명으로 두 배가 늘어날 전망한다. 인구 100만 명의 도시가 매주 하나씩 생겨난다. 특히 아시아의 도시인구 증가세는 심각한 상황에 도달한 것이다. 급격한 도시 팽창의 문제는 가장 절박한 과제로 등장했다[동아일보, 2007.4.4].

독일의 도시화는 전국이 고루 발전한 모습을 띤다. 독일은 동서독 통일 후 1990년 수도를 본에서 베를린으로 바뀌었다. 연방정부는 수도이전에 따른 본의 쇠퇴를 막기 위해 1994년부터 10년간 22억 달러 약 2조2600억 원을 투자했다.

또 연방정부 공무원의 절반인 2만 명은 본에 남겨뒀다. 지방정부와 기업들은 본을 행정도시에서 의료 환경 도시로 탈바꿈 시켰다. 그 결과 인구 31만5천 명의 본은 지난 10년간 1만2천개의 일자리를 창출했다[중앙일보, 2008.7.1.].

선진국의 도시화는 전통적인 농촌사회에서 노동 분배적인 도시화 사회로 탈바꿈되는 과정에서 혁신적인 농업개혁이 진행되거나 공업화와 도시화가 동시에 진행되었다. 그러나 개발도상국의 도시화는 세계 제2차 대전 이후 전 세계적으로 확산되었지만 선진국과 전혀 다른 모습으로 진행되었다.

선진국의 도시는 19세기 공업화 과정에서 자연인구의 성장이 정체되면서 인구 유입과 동시에 이미 구축된 행정 및 법률조직에 적응해 가며 성장했다. 이에 반해 한국을 포함한 개발도상국의 도시 인구는 유럽 국가들보다 훨씬 빠르게 성장했다.

한국 등 일부 신흥국과 개발도상국에서는 거대한 초대형 도시가 출현하면서 대대적인 사회 변화를 겪고 있다. 이들 국가들은 강력한 인구유입과 약화된 자연인구성장의 이중적인 압박에 시달리고 있다.

중국의 경우 역사상 처음으로 2011년 도시 인구가 전체 인구 13억4000만 명의 51.27%를 차지했다. 중국이 급속히 도시화하면서 지난해의 경우, 도시로 향한 이주 노동자들도 2억5278만 명에 달했다.

그러나 중국 제도와 체제 때문에 이주 노동자들에 대한 처우문제를 유발하고 있다. 중국은 농촌에서 도시로 이주하는 노동자들을 농민으로 분류해 시민들과는 달리 사회안전망 혜택을 받지 못한다 [AP/뉴시스, 정의진 기자, 2012.1.17/중국 국가통계국].

아시아 지역은 향후 20년에 걸쳐 도시화가 급속히 진행될 것으로 전망한다. 2020년까지 약 11억 명이 도시로 이동해 도시 인구가 아시아 인구의 반을 차지할 것으로 예상한다. **아시아 주요 도시들의 대다수가 인프라스트럭처에 비해 성장이 급속히 진행돼 새로운 투자와 기간시설 혜택이 골고루 돌아가지 못하고 있다**[아시아개발은행 ADB,

매일경제,2008.6.26.].

전 세계에서 가장 경쟁력 있는 도시는 미국 뉴욕이고 아시아에서는 싱가포르가 가장 경쟁력이 높은 도시로 꼽혔다. 서울은 세계 20위위에 그쳤다. 파리와 홍콩은 공동 4위, 도쿄 6위를 차지했다. 미국 도시들 중에는 워싱턴, 시카고, 보스턴이 상위 10위권 안에 이름을 올렸다.

서울은 금융시장 성숙도와 외국기업들이 느끼는 글로벌 매력도 부문에서 높은 점수를 얻었지만 인적자원, 환경 부문, 정부효율성을 측정하는 제도적 효율성 등에서 모두 하위권으로 밀렸다.

중국은 도시화율이 1%포인트 증가하고 새로운 도시민 1인의 소비가 1만 위안(약 179만원) 증가하면 매년 1천300억 위안의 소비 증가 효과가 생길 것으로 예측 한다[서울=연합뉴스, 이준삼 기자, 2013.5.11.].

도시화는 현대화의 필연적인 추세이고 대다수 농민의 보편적인 바람이며 거대한 소비와 투자를 이끌어낼 수 있다. 그러나 도시화 정책은 경제부흥을 기대하며 도시의 인구밀도가 높아지면 높아질수록 이른바 밀집화 효과(agglomeration effects)로 도시가 효율적으로 변하지만 인구밀도가 높아지면 지하철과 같은 대중교통이 발달하게 되면서 오래된 산업시설은 다른 지역으로의 재배치 압박을 받는다.

또 새로운 인구는 신산업과 투자를 낳으면서 소비를 촉진하고 결국 국가 전체에 활력을 불어넣게 된다. 특히 중국의 대도시가 싱가포르나 서울, 도쿄 중심가 등과 비교해 여전히 인구밀도가 낮고 베이징의 경우 서울에 비해 절반 수준에 불과하다[미국 일간 월스트리트저널(WSJ)]. 이런 주장들은 일견 도시의 외연 확대에 방점이 찍힌 논리다.

그러나 일반적으로 도시 인구가 증가하면 그만큼 남미형 슬럼화의 위험도 커진다. 도시화율의 지속적인 증가로 도시 곳곳에 대규모 빈민가가 생겨날 수 있다. 중국은 1978년 개혁개방 정책을 추진한 이래 내륙 주민들의 해안 대도시로의 이주를 엄격하게 제한하며 슬럼화 가능성에 대처해왔다.

중국이 이런 정책을 쓰지 않았다면 현재 52.6%인 도시의 인구비율은 60% 수준으로 높아졌을 지도 모른다. 다른 대안으로 인구 수천만의 대도시보다는 좀 더 작은 도시를 도시화하는 것이다. 중국은 앞으로 수십 년 안에 1천만 명 이하의 도시들이 많이 생겨날 것으로 예측 한다[서울=연합뉴스, 이준삼 기자, 2013.5.11.].

한국의 경우, 2010년도 들어서 사는 지역을 옮긴 인구이동 자 수가 크게 감소했다. 이를 두고 수도권 집중이 다소 완화됐다[통계청; 2010년 국내인구이동 통계/이데일리, 2011.2.17]. 지난해 인구이동자수는 822만7000명으로 2009년보다 3.1%(26만1000명)가 감소했다.

인구 100명당 이동자수를 보여주는 인구이동률은 16.5%로 주민등록 일제정리로 인해 과거 미신고분이 집중 정리됐던 1975년(25.5%)이후 가장 낮았다. 과거에는 산업화로 도시로 이동하는 경우가 많았으나 1980년대 후반이후에는 도시주변 교외지역으로의 이동으로 옮겨갔다.

그러나 최근에는 도시로의 이동이 줄면서 인구이동이 전반적으로 감소하고 있다. 이는 수도권 집중현상이 완화되고 있는 것으로 볼 수 있다. 지역별로 보면 경기, 충남, 충북, 인천, 광주, 경남, 강원, 제주 등 8개 시 · 도는 인구가 더 늘어났으며 서울, 부산, 대구, 전남, 경북, 울산, 전북, 대전 등은 인구가 줄었다.

개발수요가 있었던 경기(1.2%)의 인구가 가장 크게 늘고 서울(-1.1%)이 가장 크게 감소했다. 한편 20~30대는 경기도로 이동하는 경우가 많았고 40~50대는 충남에 대한 선호가 높았다. 다만 부산은 80세 이상을 제외한 전 연령층에서 인구가 빠져나갔다

서울, 수도권으로 몰려드는 인구증가는 식량 공급과 주택 제공, 의료 지원, 행정 및 교통 등의 공공 서비스 공급, 기초적인 사회간접자본시설의 현대화 등에서 심각하고도 만성적인 문제를 야기한다.

또한 동시적으로 모든 편의시설과 예산을 서울로 집중시키는 긴

급처방 내지는 땜질식 행정의 악순환을 초래한다. 각종 개발 제한과 도시 인프라의 수준 저하 등으로 서울의 도시 경쟁력이 하락하고 있다. 서울은 공공기관의 지방이전과 수도권정비 계획법에 따른 경제활동 제한 등에 묶여 도시발전이 어렵다. **2025년 세계 신흥경제도시 중 서울은 30위권 밖에 있으며 '2025년 세계경제중심도시 75곳 중 37위로 예상됐다. 일본 도쿄는 10위로 예상됐다.**

우리나라의 도시 거주자 수는 2005년 말 4461만 명에 달했다. 반면 대지 공장 용지처럼 도시 용지로 쓰이는 땅은 지목이 정해져 있는 땅의 6.4%에 지나지 않았다. 도로도 그 동안 많이 늘었지만 증가한 차량 1642만대를 따라 잡지 못하고 있다. **도로 총연장은 10만 3019제곱킬로미터로 늘었지만 한 대당 도로 길이는 6.3m로 미국의 4/1 수준이다. 철도 연장은 3399km이다.**

한국의 도시화는 일제 식민지 시대에부터 산업화 공업화와 함께 급속히 진행되기 시작했다. 일제 식민지 시대의 도시화 과정(Urbanisierungsprozess)은 공업발전 및 경제성장과 함께 빠른 속도로 진행되었다. 1936년 서울은 구역 확장으로 면적이 3배나 늘었고 인구가 25만이나 증가함으로서 일본 7대 도시 가운데 하나가 되었다. 서울은 동양의 정치, 문화 도시로서 또는 조선의 수도가 되었다[경성부회 의원 선거에 즈음한 한 입후보자의 선거 관련 문건, 중앙일보 2002.11.5.].

해방 이후 분단된 한국은 공업화 산업화와 함께 농촌 인구가 도시 지역으로 급속히 유입되었다. 전체 인구 대비 도시 가주자 비율을 나타내는 도시화 율은 지속적인 경제성장을 밟으면서 1960년 39%에서 2005년 90.5%로 높아졌다.

같은 기간 총인구는 두 배로 늘어난 반면 도시인구는 4.5배로 증가했다. 반면 농촌은 박정희 군부의 경재개발이 본격적으로 실시된 이후 지속적으로 위축되는 과정을 걸었다. 지속적인 고도성장기간 동안 농촌은 지속적으로 퇴보하는 양상을 보였다.

지속적인 경제성장과 함께 농수산업 등 1차 산업이 줄어들고 공업 등의 2차 산업과 서비스 등의 3차 산업이 증가하는 구조 변화를 걸으면서 농가 수가 지속적으로 감소하였다.

우리나라 농가 수는 **1970년** 2,483천 가구에서 **2009년** 1,195천 가구로 29년 동안 1,289천 가구가 줄어 **51.9% 감소**하였다. 이와 더불어 **농가인구** 또한 2009년 3,117천명으로 1970년 14,422천명보다 11,304천명이 줄어 무려 **78.4%나 감소**했다[한국 통계청].

지역별 농가 감소율을 보면 1970년에 비해 호남(-57.0%), 영남(-53.0%)은 전국(-51.9%)보다 높았다. 전통적으로 농업지대였던 호남은 공업화에서 소외되면서 **농촌의 근대화도 외면**당하면서 농가가 급격히 감소했다.

이에 반해 강원(-49.3%), 충청(-47.7%), 수도권(-42.1%)은 전국보다 낮았다. 공업화 산업화 지대의 중심으로 활성화된 서울 수도권에 인접한 지역은 상대적으로 농가 감소율이 작았다.

이와 같은 현상은 농가 인구, 농업 취업자, 농업 소득, 경지면적, 농업 수출, 식량작물 생산량 등에서 지난 40년 동안 지속적인 성장과 함께 두드러지게 나타났다. 농가 인구; 2009년 농가인구는 3,117천명으로 1970년 14,422천명보다 11,304천명(-78.4%)이 감소하였다.

이를 반영하여 **전국 인구 중 농가인구 비중은 1970년 44.7%에서 2009년 6.4%로 크게 감소하였다. 농가 가구당 가구원수는 1970년 5.8명에서 2009년 2.6명으로 계속 감소하는 추세다**[한국 통계청].

15세 이상 농가인구는 2009년 2,852천명으로 1990년 5,291천명에 비해 2,439천명이 감소하여 46.1%나 줄어들었다. 연령별로 보면, 1990년부터는 30~50대 연령층이 지속적으로 감소한 반면, 70세 이상은 지속적으로 증가하여 2009년에는 가장 많은 비중을 차지하였다.

이러한 추세는 젊은 연령층의 도시 전출 및 출생아수 감소, 노인 인구의 증가 등이 원인이다. **농업 종사자; 농림어업 취업자는 2009**

년 1,648천명으로 1970년 4,846천명보다 3,198천명이 감소해 66.0%가 줄었다.

전체 취업자 중 농림어업 취업자 비중은 1970년 50.4%에서 지속적으로 감소하여 2009년에는 7.0%로 하락하였다. 농업취업자 중 여성취업자 비중은 1970년 41.5%에서 2009년 44.8%로 3.3%p 증가하여, 농업부문의 여성 경제활동이 증가했다[한국 통계청].

25. 한국의 도시화

해방 직후 제1차 인구 대이동 이후 6.25 전쟁은 제2차 인구 대이동을 유발했다. 한국동란 기간 북한에서 넘어 온 사람들과 서울 경기 지역 사람들이 부산으로 피난하였다. 부산은 피난민들로 북적였고 의지할 곳 없는 피난민들에게는 막막함과 배 고픔 그리고 절망감뿐이었다[남기고 싶은 이야기들, 중앙일보,2003.8]. 부산의 도시화는 공업화 과정 속에서 인구밀집으로 가속화될 수 있는 기반을 가졌다.

당시 한국은 좁은 면적에 인구는 많고 빈약한 부존자원과 자본축적 및 노동수요 창출 부족으로 과잉노동공급이 지배하는 상황이었다. 1960년 총인구는 2천4백95만 명에 이르고 인구밀도는 1평방킬로미터 당 258명(1961년)으로 일본과 비슷한 수준이었다. 인구증가율은 2.75%의 높은 인구성장률을 나타냈다[김성수 P.149]. 당시 한국은 경제발전이 크게 뒤떨어진 빈곤국가로서 인구 압력이 빈곤의 원인이었다. 인구증가는 경제성장의 제약조건이었다. 과잉인구는 자본

부족과 자원의 저개발 그리고 생산시설의 확장을 지체시키며 고용 창출을 어렵게 하였다.

노동력 공급에 비해 노동수요가 턱 없이 부족하였다. 노동시장은 구조적 실업이 만성적으로 지배하였기 때문에 임금변동이 노동수급을 조절하는 기능을 수행하기 어려웠다. 노동시장의 수급 기능이 상실한 것이다. 당시 인구 억제는 당시 당면 과제로 등장할 수밖에 없었다. 1963년부터 실시한 인구 억제정책은 사회경제적 변화와 함께 출생률이 빠른 속도로 감소되어 갔다.

인구증가율은 계획치 보다 낮았지만 경제가 급속히 성장하면서 실업률을 크게 떨어뜨리는 효과를 가져왔다[김성수 P.149]. 경제개발 계획기간 중 인구증가율은 연평균 2.8%로 여전히 높은 수준이었으며 계획치 2.0%에 실패했지만 강력한 공업화 추진으로 실업률은 계획치 보다 낮은 4.5%를 실현하였다.

총인구수와 경제활동인구 및 비경제활동인구

	총수	경제활동인구			실업자	비경제활동인구
		경제활동인구	취업자			
			총수	비농업		
1965	16,591	9,199	8,522	4,329	677	7,392
1966	16,840	9,325	8,659	3,808	666	7,515
1967	17,170	9,505	8,914	4,207	590	7,665
1968	17,433	9,758	9,261	4,618	496	7,676
1969	17,579	9,818	9,347	4,687	471	7,761

주) (1)14세 이상 인구 (2)농업 임업 및 벌목업 제외 (3)1966년부터는 농림유사업 포함
자료; 경제기획원 조사통계국.

1963년부터 실시한 인구 억제 정책이 꾸준히 추진되고 동시에 사회경제적인 여건이 변화되면서 출생률이 빠른 속도로 감소되어 1970년에는 2.0%까지 떨어졌다. 1956년부터 2005년까지 50년간 외국에 입양된 아이 숫자는 15만7145명으로 집계되었다[매일경제, 2007.1.26].

농가인구는 경제 성장과 도시화가 급속히 진행되면서 1970년대부터 급속히 줄어들기 시작하였다.

농가 인구와 농가 수 추이: 1960년 1424만2천명/248만3천개 1970년 1442만2천명/248만3천개 1980년 1082만7천명/215만5천개 1990년 666만1천명/176만7천개 1995년 485만1천명/150만개, 2000년 403만1천명/138만3천개. 전체 인구 대비 농가, 어가 인구 비중은 1980년 28.4%/1.9% 1990년 15.5%/1.1% 1995년 10.8%/0.8% 2000년 8.6%/0.6%로 꾸준히 감소하였다. 농업총조사가 실시된 60년 이후 처음으로 10% 미만으로 떨어졌다.

1995~2000년 사이 농가 당 경지면적 규모와 평균 논 면적은 늘었지만 벼를 경작하는 소농(1ha미만 경작하는 영세농)은 전체 농가 중 72.9%를 차지하였다[동아일보, 2001.12.19]. 65세 고령층 농가 인구의 비중은 16.2%에서 21.7%로 증가했다. 농촌 고령층 인구비율은 전체

인구 대비 고령층 인구비율 7.2%보다 3배나 높은 수준이다. 농촌의 인구 고령화가 더 빨리 진행되고 있음을 보여주고 있다.

쌀 재배면적(천 ha)과 연간 쌀 생산량(천 톤) 및 연간 1인당 쌀 소비량;
1993년 1,136/4750/110.2/ 1995년 1,056/4,695/106.5/
1997년 1,052/4,695/102.4/ 1999년 1,066/5,263/96.9/
2001년 1,083/5,515/88.9[매일경제, 2002.12.27.]

GDP 중 농림업 비율(%)과 농가인구 비율(천명);
1990년 7.4/6,661/ 1995년 5.5/4,851/ 2000년 4.1/4,031/
2005년 3.5/3,434/ 2007년 3.0/3,274[매일경제, 2008.3.5.]

26. 한국의 사업체수와 종사자수

한국의 전체 사업체 수는 2012년 말 360만2천개로 2007년 33만9천551개보다 10.5% 증가했다. 종사자 수는 2012년 말 기준 1천857만408명으로 5년간 16.5%(262만6천734명) 늘었다[세종 = 연합뉴스 박용주 기자, 2013.12.20].

이 가운데 남성 종사자는 59.1%에서 → 58.1%로 감소한 반면 여성 종사자 비율은 41.9%로 높아졌다. 여성종사자 비중이 가장 큰 업종은 보건업 및 사회복지서비스업으로 78.4%를 차지한다. 여성 대표자 비중이 가장 높은 업종은 숙박 및 음식점업으로 64.2%를 차지한다. 교육 서비스업(53.7%), 보건업 및 사회복지 서비스업(44.8%), 도매 및 소매업(40.9%)도 여성 사장이 높은 비중을 차지한다.

최근 5년간 여성 사장 비중은 숙박 및 음식점업만 2.4%포인트 줄었고 나머지 전 산업에서 증가 추세다. 특히 보건업 및 사회복지 서

비스업은 여성 대표자 비율이 5년간 7.0%포인트나 늘었다.

사업체 구분별로는 본사·본점이 2만8천개에서 4만2천개로, 공장·지사는 11만8천개에서 15만7천개로 늘었다. 종사자 규모별 사업체 수 및 종사자 수를 보면 **1~4명 규모**의 사업체는 271만2천개에서 296만3천개로, **5~99명**은 53만8천개에서 62만3천개로, **100~299명**은 1만개에서 1만3천개로 늘었다. **2007년 대비 종사자 증가 기여율은 종사자 수 규모 5~99인 사업체가 47.5%로 가장 높았다.**

임시 및 일용종사자 수는 179만3천명에서 241만5천명으로 62만2천명(34.7%) 늘어 종사상 지위 중 가장 높은 증가율을 기록했다. 기타종사자는 87만1천명으로 20.3%, 상용근로자는 1천157만8천명으로 17.4% 늘었다[세종 = 연합뉴스 박용주 기자, 2013.12.20/ 통계청; 전국사업체조사로 본 최근 5년간 산업구조 변화].

경남지역 사업체 수는 2011년 말 23만795개로 2007년 21만6천280개에 비해 1만4천515개(6.7%) 늘었다. 경남지역에서 지난 5년간 사업체 수는 김해시, 종사자 수는 함안군에서 가장 많이 증가했다. 2011년 말 사업체는 23만795개로 2007년 21만6천280개에 비해 1만4천515개(6.7%) 늘어났다. 이 수치는 공장, 지사, 지점, 영업소, 상점, 식당 등 지역 내 모든 사업체가 포함된 것이다[창원 = 연합뉴스 최병길 기자, 2013. 11.22/ 동남지방통계청; 최근 5년간 경남지역 사업체 변화].

18개 시 · 군 가운데 **김해**시의 사업체가 3만6천512개로 5년 전의 3만1천148개보다 17.2%가 늘어 증가 폭이 가장 컸다. 반면 **하동군**과 **합천군**은 3천403개와 3천351개로 5년 전의 3천613개와 3천504개에 비해 각각 5.8%와 4.4% 감소했다. 경남지역 종사자는 2011년 말 기준 120만3천289명으로 2007년 107만3천152명보다 13만137명(12.1%) 많아졌다.

시 · 군별로는 **함안**군이 3만2천107명으로 5년 전의 2만5천403명보다 26.4%가 늘어 가장 큰 폭의 증가세를 보였다. **창녕군**과 **고성군**도 2007년 1만5천225명과 1만6천442명에서 2011년 1만8천899명과 2만404명으로 각각 24.1% 늘었다. 반면 **산청군**은 시 · 군 가운데 유일하게 2007년 9천6명에서 2011년 8천595명으로 4.6% 줄었다[창원=연합뉴스 최병길 기자, 2013. 11.22/ 동남지방통계청; 최근 5년간 경남지역 사업체 변화].

27. 한국인들의 소비생활

한국인들의 소비생활 형편은 어느 정도인가? 소비생활은 흔히 엥겔계수로 볼 수 있다. 엥겔계수는 전체 소비지출에서 식료품·비주류음료 지출이 차지하는 비율을 나타낸다. **엥겔계수는 소득 수준이 낮을수록 높아지는 경향이 있다.** 낮은 소득계층일수록 엥겔계수는 높아진다는 이야기다. 물가가 빠르게 상승하는 시기에는 특히 서민들의 실질소득수준이 단기에 오르지 않기 때문에 엥겔계수는 높아진다.

한국경제는 해마다 물가가 오르고 있지만 저소득계층의 소득은 별로 오르지 않았다. 따라서 이 점을 감안하면 한국의 엥겔계수는 언제든지 올라갈 수 있으며 특히 중장기적으로 계속 오를 수밖에 없었다. 다만 상승 속도가 문제일 뿐이다.

세계적인 경제위기와 장기 불황이 이어지면서 저소득층의 엥겔계수가 7년 만에 최고치를 기록했다. 2014년 3분기에 소득 하위 20%인 1분위 가구의 엥겔계수는 22.8%다. 이는, 2004년 3분기(24.4%) 이후 7년 만에 가장 높다. 전체 가구의 엥겔계수도 3분기에 15.0%로 고유가로 물가가 급등했던 2008년 3분기(15.1%) 이후 3년 만에 최고치를 기록했다.

이는, 3분기 소비지출이 지난해 같은 기간보다 5.8% 증가했으나, 식료품 · 비주류음료 지출은 가격 상승에 따라 7.0% 늘어난 탓이다. 품목별로 보면 곡물 지출은 12.5% 뛰었고 고추와 소금 등 가격이 폭등한 조미식품 지출은 65.1% 급증했다[통계청/서울파이낸스, 2011.11.20.].

엥겔계수의 상승은 실질소비지출에서도 그대로 나타난다. 물가상승을 고려한 실질소비지출은 2.1% 증가했으나 식료품 · 비주류음료는 1.9% 감소했다. **물가가 올라가는 바람에 먹을거리를 사는 데 지출해야 하는 돈은 늘어났기 때문에 실제 먹는 양을 줄이게 된다.**

3분기 **소비자물가 상승률은 4.8%**로 2008년 3분기(5.5%) 이후 3년 만에 가장 높았다. 품목별로는 **기타농산물이 22.1% 급등했고, 곡물(13.4%), 축산물(9.3%), 수산물(9.9%), 과실(8.6%), 가공식품(8.0%) 등도 높은 상승률을 보였다.**

엥겔계수에서 주목할 점은 가격이 올라도 소비를 크게 줄일 수 없는 식료품을 포함한 의식주 비용 부담이다. 서민층은 의식주 비용 부담이 늘어나면 문화 등 다른 분야에 대한 지출을 줄이면서 의식주에 드는 생활비용을 아끼려고 한다.

저소득층은 의식주 비용이 전체 소비지출의 절반을 차지한다. 집세가 오르면 주거비 부담 역시 서민들이 상대적으로 더 늘어난다. 월세와 주택 유지 · 수리비용을 포함한 주거 및 수도 · 광열비 지출도 늘었고 의류 · 신발 비용도 증가했다.

이처럼 필수적인 의식주 비용 부담이 커지면 지갑은 얇아지고 다른 물건이나 서비스 이용에 쓰는 돈은 줄일 수밖에 없다. 대표적인 게 문화생활 비용이다. 공연 관람 등 오락 · 문화비용과 교육비도 줄이게 된다.

고물가 여파는 전체 평균으로 봐도 가계의 소비지출에 변화를 몰고 왔다. 3분기 전체 가구의 소비지출에서 차지하는 항목별 비중은 식료품 · 비주류음료(0.16%포인트 상승), 교통(0.76%p), 의류 · 신발(0.17%p) 등 필수 지출에서 높아진 반면 주류 · 담배(-0.06%p), 가정용품 · 가사서비스(-0.17%p), 오락 · 문화(-0.05%p), 보건(-0.06%p)등에선 하락했다. 먹고 사는 데 지장 없는 지출은 줄이고 있는 것이다 [연합뉴스, 2011.11.20].

28. 한국의 하천과 수로, 물 공급과 녹지

한국의 하천은 개발 이전만 해도 전국적으로 풍부한 수량을 보유하였고 수송수단의 역할을 담당했으며 풍족한 수산물 자원을 공급하였다. 그러나 60년의 개발 과정을 거치면서 크고 작은 수많은 하천이 소멸하고 메마른 배수로 수준으로 전락하고 말았다.

한강과 낙동강의 하상계수(연중 최대유량/최소유량)는 각각 393, 372로 라인 강의 27배에 달한다. 월별 최대 최소 강수량 비율도 9.4로 독일의 4배가 넘는다. 한국의 강은 유량이 불규칙해 매년 홍수 범람을 겪고 있다. 4대강 중심으로 살펴보면 다음과 같다.

한국의 4대강

	한강	금강	영산강	낙동강
유역면적	2만5953㎢	9912㎢	3467㎢	2만3384㎢
길이	494.4km	394km	138.4km	506.1km
지류	703개	486개	170개	785개

평균수심	영월 0.94m 여주 5.16m 한강대교 7.10m	공주 2.57m 규암 4.76m 강경 2.66m	광주 1.50m 미륵 0.46m 나주 0.46m	달지 0.79m 낙동 2.78m 삼랑진 7.13m

자료; 중앙일보, 2008.12.16

자연과 하천을 잘 가꾸고 관리하는 독일과 난개발로 누더기 땅이 된 한국의 강을 비교해 보자. 강 길이가 200km 이상 되는 독일과 한국의 강 길이를 서로 비교해 보면 다음과 같다.

독일과 한국의 강

독일		한국	
라인 강 Rhein	695km	낙동강	506.1km
엘베 강 Elbe	607km	한강	494.4km
마인 강 Main	387km	금강	394.0km
스프레 강 Spree	382km	영산강	138.4km
베저 강 Weser	346km		
하펠 강 Havel	325km		
알러 강 Aller	263km		
모젤 강 Mosel	242km		
도나우 강 Donau	203km		
네카강 Neckar	203km		

한국의 강은 독일에 비교하면 우선 강의 수가 적고 강의 길이도 초라하기 그지없으며 너무 적다는 것을 알 수 있다. 따라서 강들의 유량을 비교해 보는 것은 의미가 없는 것 같다. 한국의 강과 하천들은 대부분 거의 메마르고 바닥이 드러나 보일 정도이므로 강의 유량을 독일과 비교하는 것은 별 의미가 없다.

독일은 수많은 자연 하천과 인공하천들이 다음과 같은 100km 이상 되는 독일 운하와 그물망처럼 연결되어 내륙수로를 형성하고 있다. 독일에는 100km 이상 되는 운하들 이외에도 크고 작은 운하들이 많이 있지만 한국은 아직까지 운하 자체를 가져본 본 일이 없고 운영해 본 경험도 없다.

독일의 주요 운하

운하	길이
미텔란드운하 Mittellandkanal	388 km
도르트문트-엠스운하 Dortmund-Ems-Kanal	223 km
마인-도나우 운하 Main-Donau-Kanal	171 km
하벨-오더-수로 Havel-Oder-Wasserstrasse	150 km
운테레 하벨-수로 Untere Havel-Wasserstrasse	148 km
오데르-스프레 운하 Oder-Spree-Kanal	125 km
엘베-사이텐 운하 Elbe-Seitenkanal	115 km

농촌, 어촌, 산촌, 도시의 생활수준이 거의 평준화 되어 있는 독일은 잘 관리, 정돈돼 있으며 법집행도 매우 엄격한 나라이다. 도시의 건축물이 잘 배치되어 있고 자전거도로와 자동차도로가 잘 구분되어 있다. 도심지마다 숲이 꽉 들어차 있고 적절하게 배치돼 있다. 생활환경도 시골이나 도시나 큰 차이를 느낄 수 없을 만큼 인프라 구축이 잘 돼 있다.

독일 환경은 한국과 크게 대조된다. 한국 도시는 난개발로 흐트러진 곳이 많으며 초고층 빌딩과 초고층 아파트가 뒤죽박죽 서 있다. 도심지에는 숲이 별로 없고 아파트단지와 고층빌딩들이 뒤섞여 있다.

독일의 기후는 사시사철 골고루 비가 내린다. 많은 강과 호수를 거느리고 있다. 독일은 어디를 가나 전국적으로 강과 산, 호수, 늪, 숲 등 자연을 훼손하지 않는 체 칙칙한 숲이 울창하다. 자연 호수와 하천이 깨끗하게 정비되어 있다. 운하는 주어진 지형과 기후를 잘 이용해 강과 호수를 거미줄처럼 연결하고 있다.

독일은 내륙운하 망 체계를 국내 전 지역과 유럽 차원에서 지리적인 조건을 최대로 활용하여 연결하고 있다. 독일은 자연적 지리적 여건에 맞게 내륙운하를 거미줄처럼 연결해 개발했다. 운하개발에 일찍부터 역사적으로 눈을 떴으며 풍부한 경험을 축적하고 있다.

독일의 운하 그물망은 도로, 항공 못지않게 전국적인 네트워크를 갖추고 있다. 국내 운하는 전 유럽을 포괄하는 수로를 형성하고 있다. 독일은 하천과 호수들을 이용하여 인공 운하나 자연운하로 연결해 거미줄처럼 네트워크를 형성하고 있다.

그러나 **한국에는 강들끼리 연결된 수로 연결망이 없다. 난개발로 크고 작은 샛강들이 모두 소멸되었거나 배수구 역할 정도로 남아 있다. 독일의 하천들은 거미줄 같은 수로연결을 통해 크고 작은 강과**

하천들은 적정수량을 유지하고 있다. 사방팔방으로 하천들이 산과 들, 도시와 마을들을 통과하거나 인접한 곳으로 유유히 흘러간다.

독일은 유럽의 여러 인접국에 둘러 싸인 내륙국가로서 빵을 주식으로 하고 목축을 중심으로 한 육식 문화를 보유한 나라다. 이에 반해 한국은 남과 북이 갈라져 있고 중국과 일본 사이에 끼어 있는 나라로서 쌀을 주식으로 하는 채식문화국가이다. 독일은 한국보다 2~3배 큰 내륙 국가이다. 독일은 한국처럼 삼면이 바다로 둘려 쌓여 있지 않다. 북쪽 한 면에만 바다와 접하고 있다.

북쪽에는 해안 수로 연결망을 통해 내륙수로와 연결되어 있다. 독일의 가장 긴 라인 강과 그의 지류들은 알프스 산과 중부내륙 산악지역에서 발원하여 북쪽의 해안으로 흐른다. 독일은 알프스 지역을 제외하면 대부분의 지역이 넓은 들판이 전개되는 평원지역이다. 한국처럼 삼면이 바다로 널려 있는 반도 지리적인 조건과 산과 구릉이 많은 산악국가가 아니다.

독일인들은 주로 육식을 먹는 목축국가에 해당하며 한국인처럼 생선회 등을 즐겨 먹지 않는다. 독일인들은 강, 호수에서 물고기를 잡는 여가생활을 한국처럼 즐기지 않는다. 빵과 감자가 주식이어서 생선요리보다는 육식이 주로 식탁에 오른다. 한국인들은 강이나 하천 또는 실개천들에서 물고기를 잡는 아름다운 추억들을 간직하고 있지만 독일인들은 우리와 같이 물고기 잡는 추억이 별로 없다.

한국은 삼면이 바다인 관계로 풍부한 어족 자원을 쉽게 접할 수 있지만 독일인들은 이런 기회가 드물다. 한국인들은 벼와 밭 경작을 하면서도 일찍부터 쌀을 주식으로 다양한 생선을 먹고 살아 왔지만 독일인들은 밭이나 들판에서 목축과 밀 재배를 중심으로 하는 농사일을 가꾸고 살아 왔다.

한국인들은 논에서는 쌀, 밭에서는 야채를 재배하는 등의 농사일을 가꾸며 살아 왔다. **한국인들은 쌀을 주식으로 하는 농업국가 이었음에도 불구하고 중소하천들을 연결하는 전국적인 관개 수로 연결망이나 운송수단으로 발달시키지도 못했다.**

무분별한 경제개발로 인해 대부분의 중소하천들은 버려지거나 환경오염으로 더럽게 방치되고 있다. 독일, 스위스 등 유럽은 이미 1800년대부터 근대적인 운송수단을 갖추었고 인공수로와 인공운하를 만들었다. 그들은 자연 강과 하천을 연결하여 운하로 만들었고 운송수단과 레저스포츠 및 관광자원으로 이용하였다.

20세기 물 사용량의 증가율이 인구증가율에 비해 2배나 빠른 속도로 늘어나고 있다. 물 사용량은 2007년부터 2025년 사이 개발도상국에서는 50%, 선진국에서는 18% 늘어날 것으로 예상된다. **개발**

도상국의 물 사용량 증가율이 선진국에 비해 높은 이유는 점점 더 많은 사람들이 농촌에서 도시로 이주하고 있기 때문이다. 21세기에는 심각한 홍수, 가뭄 등 기후변화의 영향들이 심화될 것이며 이 같은 기후변화 요인들은 사상 최악으로 가난한 사람들을 강타할 것으로 보인다[경향신문, 2011.10.26, 미국 워싱턴 소재 세계자원연구소의 커스티 제킨슨 연구원/로이터통신].

앞으로 10년 뒤에 전 세계가 물 전쟁을 치를지 모른다. 2040년까지 전 세계 담수 공급이 수요를 따라잡지 못하는 상황이 오기 때문이다. 특히 물을 무기화하거나 테러 목적으로 이용할 가능성이 점차 높아지면서 물 관련 인프라를 공격 대상으로 삼을 수 있다.

또 물 부족으로 정치적 불안과 경제성장 둔화, 식료품 시장 교란 등의 부작용이 일어날 수 있다[YTN, 2012.3.23./미국 국가정보국 보고서]. 우리나라의 연강 수량은 약간 씩 증가하는 경향이 있으며 1960년대 이후 연강 수량의 변동 폭이 커져 가뭄과 홍수의 크기가 갈수록 증가하는 추세다.

이 같은 현상은 기존 수자원 시설물의 용수 공급과 홍수 방어 능력을 취약하게 하는 원인이 되고 있다. 재생 가능한 수자원(水資源)량의 지역적 편중(偏重)도 심하다. 수도권 지역인 한강, 안성천 유역의 1인당 수자원량이 과다한 인구 집중(集中)으로 인해 가장 적다.

섬진강, 임진강 유역은 인구에 비하여 상대적으로 큰 수자원을 보유하고 있다. 가뭄에서는 평균 사용 가능 량의 절반에 불과하다. 우리나라의 강들은 반도지리(半島地理)적인 조건으로 미국 및 유럽 대륙(大陸)의 넓은 강들과 달리 강폭과 수심(水深)이 좁다. 또한 가늘고 긴 섬나라 일본과도 크게 다르다.

우리나라 연강 수량은 연중 균일하게 내리는 것이 아니라 주로 여름철인 6~9월 사이에 약 60% 이상이 집중되어 내린다. 집중 호우 시 유역 특성은 하천 경사(傾斜)가 급하고 유로(流路)연장(延長)이 짧아 단기간에 바다로 유출된다.

이런 연유로 연간 1인당 강수량에서는 세계 평균치인 26,800평방미터의 10%에 해당하는 2,705 평방미터의 적은 양을 사용한다. 강은 수자원을 공급하며 강의 수질 관리에 따라 수돗물 먹고 마실 수 있는 중요한 공급원 역할을 한다. 수돗물 보급률 현황을 보면 다음과 같다.

수돗물 보급률 현황(2002년 기준)

특별시와 광역시	2천271만3천명	98.5%
시 지역	1천535만5천명	97.0%
읍 지역	320만8천명	80.1%
면 지역	174만6천명	31.1%
전국	4천851만8천명	88.7%(평균)

중앙일보, 2004.3.22

한국의 경우, 강물을 여과해 먹는 물의 수질은 대장균, 일반세균, 질산성 질소, 탁도, 경도 등에서 기준에 미달하거나 오염된 것으로 밝혀지고 있다[중앙일보, 2004.3.22.]. 한강 유역은 생물학적 산소 요구량(BOD)은 감소하고 있지만 화학적 산소요구량(COD)은 증가해 난분해성 유기물의 농도가 짙어졌다[서울 신문, 2008.12.18, 1989~2007년 수질분석 결과].

울산광역시가 전국 광역시 중 녹지비율이 가장 높은 반면 서울은 가장 낮다. 2013년까지 전국 광역시 중 녹지비율[6]이 가장 높은 도시는 울산(69.8%)이다. 다음으로는 대구(61.1%), 대전(58.8%), 부산(52.42%) 순이었다. **서울은 녹지비율이 30.2%로 가장 낮았다**[세종=연합뉴스 국기헌 기자, 2014.9.23].

국내 대표 공업 도시인 울산이 전국 광역시 중 녹지비율이 가장 높은 것은 시의 행정구역에 가지산과 신불산을 포함한 산림이 약 61%를 차지하기 때문이다. 태화강 주변에 조성된 수변 공원과 신시가지인 삼산동 주변의 녹지 공간을 늘린 점도 한몫을 했다.

녹지비율이 높을수록 불투수층[7]은 낮았다. 울산은 불투수층 비

---

6) 녹지비율은 행정구역 면적 대비 총 녹지면적이다. 녹지면적에는 삼림지역과 초지가 포함되지만 논이나 밭 등의 농경지는 포함되지 않는다.

7) 불투수층은 토지표면이 포장이나 건물 등으로 덮여 빗물이 땅속으로 스미지 않는 면적을 의미한다. 불투수층 비율이 높으면 그만큼 빗물이 땅속으로 스며들지 않아 물

율이 11.6%로 나타나 전국 광역시 중 최저였으나 녹지비율이 가장 낮은 서울은 불투수층 비율이 57.2%로 전국 최고였다.

전국 도별 녹지비율은 강원도 84.5%, 경상북도 75.9%, 경상남도 71.1%, 충청북도 68.9%, 경기도 56.4%, 전라북도 56.3%, 전라남도 55.9%, 충청남도 49.3%, 제주특별자치도 48.9% 순이다.

청정지역으로 알려진 제주특별자치도의 녹지비율이 전국 도중에 가장 낮다. 이것은 화산지형의 특성상 밭농사와 과수원이 발달해 전체 면적의 38.2%를 차지하고 있기 때문이다. 전라북도, 전라남도, 충청남도 역시 녹지면적에 포함되지 않는 논과 밭이 많아서 녹지비율이 상대적으로 낮다. 다만 이들 지역의 불투수층 비율은 중간 순위인 5~4% 대다[세종 = 연합뉴스 국기헌 기자, 2014.9.23].

한국의 농촌, 어촌, 산촌, 해안, 섬들, 무성한 산림녹화 등이 독일, 스위스, 프랑스의 선진국 수준으로 기초인프라를 구축하기까지는 수백 년이 소요될 것으로 보인다. 다시 말해, 인프라 투자의 대기수요가 매년 막대한 투입규모로 기다리고 있다는 것이다.

순환구조에 영향을 미친다. 집중호우 때 도시침수, 지하수 고갈, 하천의 수질 저하 등의 우려가 있다.

29. 한국의 GDP규모와 삶의 질, 복지그물망

한국의 세계적인 위상은 모든 물량지표의 국제비교에서 상당히 높은 수준에 있음에도 불구하고 GDP규모의 국제 순위 15위에 걸맞지 않게 한국의 삶의 질은 15위권 밖에 있는 선진국에 비해 크게 뒤 떨어져 있다.

한국의 소득불평등도는 1992~2009년 사이 크게 확대됐다. 소득불평등 확대는 중위~하위 격차가 중위~상위 격차보다 빠르게 확대되는데 기인한다. 1990년대 초반에는 하위~중위와 중위~상위 격차는 모두 1.8이었다.

2009년에는 중위~상위 격차가 1.9로 소폭 증가한 반면 하위~중위 격차는 2.6으로 크게 올랐다. 특히 하위 10%는 1995년부터 2010년 사이에 실질소득의 상승을 거의 경험하지 못했다. 반면 상위 10%의 실질소득은 30% 증가를 보였다.

소득불평등의 또 다른 주요요인은 사업체의 대형화로 자영업의 위축된 게 가장 큰 요인이다. 자영업 쇠퇴에도 불구하고 저소득층의 자영업 종사 비중이 줄어들지 않는 현상은 저소득층의 임금근로자 전환이 쉽지 않는 경직적인 한국경제구조에 있다.[머니투데이, 우경희 기자, 2013.2.5.].

한국경제가 안고 있는 심각한 문제는 복지그물망의 취약성과 중구난방의 복지 체계이다. 복지그물망에서 가장 심각한 취약부문은 연금제도 정착이 매우 미흡하다는 사실이다.

한국의 GDP 경제규모가 세계 15위권에 들고 있지만 15위권 밖에 있는 스위스, 벨기에, 스페인, 이탈리아, 북유럽국가 등의 연금제도 및 복지수준보다 크게 뒤지고 있고 또한 매우 엉성한 복지체계를 가지고 있다.

중구난방의 복지체계로서 퇴직자들의 퇴직 소득이 심각한 양극화 현상이 벌어지고 있는 사실을 들 수 있다. 한국은 정년퇴직 시기인 50대 근로자들의 평균 퇴직급여액은 1천600만원 가량에 불과해 은퇴 후 생활을 위한 종자돈은 턱없이 부족하다[서울 = 연합뉴스 최이락 기자, 2014.1.20/ 국세청; 퇴직소득 원천징수 신고현황].

2012년 국세청에 제출한 퇴직급여 지급명세표 기준으로 한 퇴직자는 281만1천892명이었다. 여기에는 퇴직금 중간정산 근로자도 포함됐다. 퇴직급여, 명예퇴직수당, 퇴직연금일시금 등을 포함한 이들의 퇴직급여액 총액은 24조7천718억8천300만원으로 1인당 평균 880만원이다.

특히 전체 퇴직 근로자의 84.9%인 238만6천582명은 퇴직급여가 1천만원 이하였지만 1억원을 초과하는 근로자도 전체의 1.3%인 3만6천570명에 달했다. 이들 가운데 1천443명은 퇴직급여가 5억원을 넘었다. **퇴직급여 편차가 큰 것은 기간제, 파견직 근로자들의 경우 1~2년 사이에 계약 종료와 함께 낮은 수준의 퇴직금 정산을 받는 경우가 대부분인 것과 무관치 않아 보인다.**

이것은 역으로 한국의 노동시장의 신축성이 매우 높다는 것을 시사한다. 다시 말해서 한국의 노동시장이 경직적이며 비탄력이라는 주장과 정반대 현실을 보여주는 것이다. 이러한 심각한 격차는 연령별 평균 퇴직급여액에서도 나타나고 있다.

30세 미만 근로자 55만6천명의 평균 퇴직급여액은 316만원으로 전 연령대 가운데서 가장 낮았다. 30~40세(88만7천명)는 684만원, 40~50세(63만8천명)는 1천109만원, 50~60세(47만명)는 1천621만원, 60세 이상(26만명)은 868만원이었다.

특히 정년퇴직 연령대인 50대 근로자의 평균 퇴직급여액이 1천600만원대인 것은 은퇴 후 생활 대책이 더욱 절실함을 보여주고 있다. 퇴직급여 수준은 회사 형태에 따라서도 차이가 컸다. 법인 사업자 사업장의 근로자는 평균 981만원이었으나 개인사업자 사업장의 근로자는 이의 35.6%인 349만원에 불과했다.

또 내국인 근로자의 평균 퇴직급여는 895만원이었지만 외국인 거주자는 절반 수준인 474만원에 불과했다. **퇴직자들의 근속 연수는 5년 미만이 240만5천851명으로 가장 많았고 5년~10년 28만1천799명, 10년~20년 8만6천166명, 20년~30년 1만7천634명, 30년 이상 2만442명 등이었다**[서울 = 연합뉴스 최이락 기자, 2014.1.20/ 국세청; 퇴직소득 원천징수 신고현황].

30. 한국의 경제사회적 환경

우리나라는 생산 가능 인구(15~64세) 몇 명이 고령자를 먹여 살리며 뒷바라지 하고 있을까? 생산 가능 인구가 부양해야 할 노인의 수가 지난 40년간 3배 수준으로 늘어난 상황이다. **생산 가능 인구 100명당 노년 부양비는 2014년 17.3명으로 추산됐다.**

이것은 생산 가능인구100명이 부양해야 할 고령인구(65세 이상)가 17.3명이라는 의미한 것으로 40년 전인 1974년의 5.7명보다 3배 이상 늘어난 수준이다. 이는 관련 통계가 작성되기 시작한 1970년 이후 가장 높은 수치다.

생산가능 인구 100명당 노년 부양비는 2000년에 처음으로 10명대에 들어선 이후 2010년에 15명대를 돌파하는 등 빠른 속도로 올라가고 있다. 인구 구조로 볼 때 일을 할 수 있는 사람은 점차 줄어들고 부양을 받아야 하는 노년층은 점차 늘어나고 있는 것이다.

저출산 현상이 심화되면서 유소년부양비(생산 가능 인구 100명당 유소년 수)는 반대 현상을 보이고 있다. 2014년 유소년 부양비는 19.5명으로 40년 전엔 1974년의 $\frac{1}{4}$ 수준에 불과하다[세종 = 연합뉴스, 박용주 기자, 2014.2.1/ 통계청; 장래인구추계].

2013년의 경우, 생산 가능 인구 6명이 65세 이상 고령자 1명을 부양한다. 2018년에는 생산 가능 인구 5명이, 2050년에는 생산 가능 인구 1.4명이 고령자 1명을 부양하게 될 것으로 전망된다. 지난해 고령자의 경제활동참가율은 30.7%로 전년보다 소폭 늘었다.

그러나 60세 이상 취업자의 월 급여 수준은 전체를 100으로 봤을 때 77.7 수준이었다. 배우자가 있는 노인은 그렇지 않은 노인보다 노후준비와 건강관리를 더 잘하고 사회적 관계망도 촘촘했다[서울 = 연합뉴스, 차지연 박수윤 기자, 2013.9.30/통계청].

2013년 총인구에서 65세 이상 고령자가 차지하는 비율은 12.2%다. 1970년 3.1%에서 지속적으로 증가해왔다. 2030년에는 24.3%, 2050년에는 37.4% 수준에 이를 것으로 전망한다. 고령자 수를 생산 가능 인구수로 나눠 산출하는 '노년부양비'는 올해 16.7이다. 생산 가능 인구 6명이 고령자 1명을 부양하는 셈이다. 노년부양비는 2018년 20.0, 2050년 71.0으로 가파르게 상승해 각각 생산 가능 인구 5명과 1.4명이 고령자 1명을 부양하게 될 전망이다.

고령자 수를 유소년 인구(0~14세)로 나눈 노령화 지수는 83.3으로, 유소년 인구 100명당 고령자 수는 83명이다. 고령자 비율이 높은 지역은 전남(21.4%), 전북 · 경북(17.5%), 강원(16.4%) 순이고, 낮은 지역은 울산(7.8%), 대전 · 경기 · 인천(9.7%) 순이었다.

올해 고령자 성비는 70.7로 남자가 여자의 70% 수준에 그치지만 2030년에는 성비가 81.1로 높아질 것으로 보인다. 의료기술의 발달과 건강에 대한 관심 등으로 남자 고령자 사망률이 낮아지고 있어서다.

2011년 현재 65세 이상 고령자 기대여명은 남자가 17.4년, 여자가 21.9년으로 여자가 4.5년 더 길었다. 지난해 고령자의 사망원인 1위는 암이었다. 인구 10만명당 852.9명이 암으로 숨졌다. 암의 종류별로는 폐암(220.5명)이 가장 많았고 위암(106.9명), 간암(104.9명) 순이었다. 2012년 건강보험의 고령자 진료비는 16조382억 원으로 전년보다 8.1% 증가했다. 전체 진료비에서 차지하는 비중은 33.3%였다.

또 고령자 중 부모의 노후 생계를 '가족이 돌봐야 한다'고 생각하는 비율은 36.6%로 2008년 48.1%에 비해 줄어든 반면, '부모 스스로 해결해야 한다'는 비율은 22.3%로 2008년 16.5%에서 늘었다.

지난해 65세 이상 고령자의 경제활동참가율은 30.7%로 전년보다

1.2%포인트 늘었다. 성별로는 남자(41.6%)가 여자(23.0%)보다 18.6%포인트 높았다. 올해 고령층(55~79세) 10명 중 6명은 취업을 희망했으며, 주된 이유는 '생활비에 보탬이 되어서'(54.8%)였다.

고령가구 비율은 전체의 19.5%로 매년 증가하는 추세인데, 지난해 고령가구의 월평균 소득은 전국 가구 평균의 68.6% 정도였다. 고령가구 월평균 소비지출은 165만6천원으로, 구성 항목 중 식료품·비주류음료가 20.5%로 가장 많고 주거·수도·광열(13.8%), 교통(11.2%) 순이었다. 지난해 소득이 최저생계비 이하인 국민기초생활보장 수급자 130만 명 중 고령자 비율은 28.9%였다.

국민연금, 공무원연금 등 공적연금을 받는 고령자 수급자는 총 205만 명으로, 전체 고령자 중 34.8% 차지하였다. 이중 노령연금 수급이 87.8%로 대부분이고, 유족연금(11.6%)이 다음으로 많았다.

공적연금을 포함해 기초노령연금, 개인연금 등 연금 수령 경험이 있는 고령층은 올해 기준으로 511만5천명으로 전체의 46.9%였다. 월평균 연금 수령액은 39만원 정도였다. **한국의 연금 수급사정이 구미 선진국에 도달하기까지는 아직도 갈 길이 멀다.**

2011년 전체 피해자 중 고령자가 범죄피해를 보는 비율은 9.1%로, 2002년(6.5%), 2005년(8.0%)보다 증가했다. 범죄 피해 유형별로는 재산범죄(43.5%)가 가장 많았다. 인터넷과 소셜네트워킹서비스(SNS) 이용률은 증가하고 있다. 2012년 현재 고령자의 인터넷 이용률은 24.4%, SNS 이용률은 27.3%로, 지난해 각각 22.9%와 24.6%보다 늘었다.

배우자가 있는 노인이 노후준비와 건강관리를 잘하고 사회적 관계망도 촘촘하였다. 노후준비를 하고 있다는 비율은 무(無)배우 고령자(23.8%)가 유(有)배우 고령자(50.9%)의 절반에도 못 미쳤다. 생활비 마련 방법을 보면 유배우 고령자의 68.1%는 본인 · 배우자 부담을 꼽았다. 반면 무배우 고령자는 자녀 또는 친척지원(57.7%), 정부보조 등(15.6%)의 비율이 높았다.

자신의 건강이 좋다고 평가하는 응답도 유배우자(24.1%)가 무배우자(11.8%)보다 높았다. 유배우자의 흡연 · 음주(13.6%, 44.9%) 비율은 무배우자의 흡연 · 음주(7.9%, 26.0%) 비율보다 높았지만, 유병율은 무배우자(67.4%)가 유배우자(56.9%)보다 높았다.

아플 때 집안일을 부탁할 사람이 있다는 응답에서 유배우자(75.5%)가 무배우자(65.5%)보다 10.0%포인트 높았다. '우울해서 이야기 상대가 필요할 때 도움 받을 사람이 있다'는 응답도 유배우자(71.2%)가 무배우자(63.0%)보다 높았다.

앞으로 받고 싶은 복지서비스로는 무배우자는 간병 · 목욕 · 식사 제공 · 이야기 상대 등 생활밀착서비스를 선호했지만, 유배우자는 취업알선, 건강검진, 취미 여가활동 프로그램 등을 보다 선호했다.

배우자가 없는 노인은 문화생활이나 운동도 많이 하지 않았다. 문화예술 및 스포츠관람 비율이 유배우자(18.1%)가 무배우자(7.3%)의 배 이상이었다. 한편, 전체 고령자 중 유배우자 고령자 비율은 2000년 52.0%에서 2010년 57.7%로 지속적으로 늘어난 것으로 예상된다.

지난 30년간 자녀 없이 부부만 사는 부부가구는 4배 이상, 1인 가구는 10배 이상 증가하는 등 서울 시민들의 가족 형태가 점차 다양해지고 있다. 2010년부터는 황혼이혼율이 신혼이혼율을 추월하는 등 새로운 가족 위기 형태도 등장했다[파이낸셜뉴스, 김서연 기자, 2013.10.22].

지난 30년간 자녀 없이 부부만 사는 부부가구는 1980년 10만가구에서 2010년 42만가구로 4배 이상 증가했다. 같은 기간 혼자 사는 1인가구도 8만가구에서 85만가구 로 10배 이상 증가했다. 전체가구 중 한부모가구 역시 1995년 24만여 가구(8.1%)에서 2010년 35만여 가구(10.0%)로 꾸준히 증가하고 있다.

결혼과 이혼에 대한 인식도 전통적인 태도에서 변화하는 추세다. 특히 여성의 인식 변화가 두드러졌다. **결혼은 필수가 아닌 선택사항이라고 생각하는 여성이 39.4%였고 여성의 41.8%는 이혼을 할 수도 있고 하지 않을 수도 있다고 생각했다.**

이혼과 재혼 건수는 남녀 모두 급속히 증가했다. 2012년 우리나라 총 이혼건수(11만4천316건) 중 남자 고령자는 4천836건으로 전체의 4.2%, 여자 고령자는 1천955건으로 1.7%를 차지했다. 재혼 건수는 남자 2천449건, 여자 912건으로 2005년에 비해 각각 1.6배, 2.2배씩 뛰었다.

배우자와의 관계에 있어 남편이 아내에게 만족하는 비율은 71.8%인데 반해 아내는 59.2%만이 남편에 만족한다고 응답해 부부간 온도차를 보였다. 또 이혼, 폭력, 가출 등은 날로 증가해 가족위기가 심화되었다.

결혼 생활 20년 이상인 부부의 황혼이혼 건수는 1991년 978건에서 지난해 6062건으로 20년새 6배 이상으로 늘어난 반면 4년 이하 신혼부부의 이혼 건수는 같은 기간 4604건에서 4538건으로 소폭 감소했다. 지난해 65세 미만 가구를 기준으로 6가구당 1가구(16.7%)에서 부부간 신체 폭력이 발생했다.

2012년 12월 이혼 건수는 8천900건으로 전년 같은 달보다 1천400건(13.6%) 급감했다. 지난해 총 이혼 건수는 11만4천300건으로 전년과 같았다. 작년 11월부터 협의이혼 당사자들이 이혼이 자녀에게 미치는 영향, 자녀양육 시 역할 분담 등을 전문가로부터 의무적으로 상담 받아야 하는 자녀양육안내 실시에 관한 지침이 시행된 점이 영향을 미쳤던 것으로 진단한다.

여성의 사회활동 증가와 경기 침체로 혼인 자체가 줄어든 점도 이혼 건수 감소에 영향을 미쳤다. 12월 혼인은 3만7천300건으로 1년 전보다 1천300건(3.4%) 감소했다. 작년 총 혼인 건수는 32만7천100건으로 전년보다 2.0% 감소했다.

청소년의 생애 가출 경험률은 10.2%이며 지난 1년간 가출한 경험은 36.0%로 나타났다. 최초 가출 연령도 2010년 13.8세에서 2011년 13.6세로 낮아지는 추세다. 가출 원인은 부모와의 갈등이 51.3%로 가장 많았고 놀고 싶다는 이유가 29.3%를 차지했다[파이낸셜뉴스, 김서연 기자, 2013.10.22].

고학력화와 노동시장의 유연성 제고에 따라 여성의 경제활동 참여율 역시 50.2%에서 52.4%로 증가했지만 맞벌이에도 불구하고 가사와 육아시간은 여성이 하루 3시간13분, 남성 29분으로 여성에게 과도하게 집중돼 있었다.

한국은 선진국 문턱에 들어서지도 못한 체 일찍부터 미혼자와 이혼율이 높아지고 있고 홀로 사는 노인도 늘고 있는 선진국병을 앓고 있다. 1인가구는 1985년 6.9%에서 2008년 20.1%로 대폭 늘었다. 65세 이상 노인 가구 중 독거노인가구 비율은 1990년 10.6%에서 2005년 23.2%로 2배 이상 증가했다. 사회 환경이 급속히 변화하면서사회적인 비용 부담이 초고속으로 증가하고 있다.

소득수준이 높아지고 사회 및 교육과 주변 자연환경이 급격히 변화하면서 결혼에 대한 가치관은 바람직하지 않는 방향으로 변하고 있다. 결혼 한다는 응답자는 1998년 73.9%에서 2008년 68.0%로 감소한 반면 꼭 할 필요가 없다는 응답자는 같은 기간 24.0%에서 27.7%로 증가했다. 소득수준이 올라가면서 여성의 역할도 변하고 있다.

여성 배우자의 가구소득기여도는 1982년 3.4%에서 1990년 6.4%, 2000년 9.7%, 2008년 12.7%로 지속적으로 높아지고 있다. 경제활동에 대한 여성 기회와 기여가 크게 늘어나고 있지만 가족중심의 사회 분위기는 점점 더 열악해지고 있다.

한국 젊은 사람들의 결혼 연령은 30세로 세계 추세대로 따라가고 있지만 아기를 기피하는 현상은 빠르게 확산되고 있다. 이러한 사회 분위기는 유별나게 높은 사교육비 부담이 경제적 사회적인 부작용을 낳고 있다.

한국은 결혼은 많이 하지만 아기는 가장 안 낳는 나라이다. 특히 30년 새 출산율 하락 폭은 세계 주요국 중 최고 수준이다. 2009년 기준 한국의 인구 1000명당 혼인건수인 조혼인율은 7.13건으로 34개 회원국 중 3위다.

한국은 혼인 비율이 높은 것과 달리 출산율은 바닥이다. 여성 1명이 평생 낳을 것으로 예상되는 합계출산율은 2010년 1.23명에 그쳐 OECD 34개 회원국 중 꼴찌다. **한국의 출산율 하락 속도는 멕시코를 제외하곤 OECD 회원국 중 가장 빠르다.** 한국의 합계출산율은 1970년에 4.53명으로 멕시코(6.77명), 터키(5.00명) 다음으로 많았지만 2010년 1.23명으로 30년새 평균 3.30명이 줄었다.

한국에서 아이 낳는 것을 꺼리다 보니 **여성이 첫 아이를 낳는 연령도 높다. 한국의 첫 아이 출산 평균연령은 2009년 기준으로 평균 29.1세였다. 일본과 함께 OECD 회원국 중 공동 7위였다.** OECD 평균은 27.8세다. **한국이 결혼은 많이 하면서도 아이를 낳지 않는 배경은 육아 부담을 그 요인으로 꼽는다.** 육아 부담 중에서 큰 비중을 차지하는 자녀 사교육비의 경우 2011년 한해 20조1266억 원이다. 학생 1인당 연평균 288만원이었다[세계파이낸스, 2013.2.4./경제협력개발기구(OECD)/통계청; 장래인구추계].

31. 한국의 도시화와 지역개발 격차

조선왕조 후반기인 **1789년(정조 13) 당시 큰 도시마을은 1만 호 이상이 35개였다.** 1868~71년 조사 때, 1만 호 이상의 도시마을은 25개였다[조선시대의 호구조사]. 근대적인 도시 형태는 1876년 강화도조약 이후 나타나기 시작했다.

당시 개발된 근대적인 도시로는 부산 · 원산 · 목포 · 군산 · 마산 · 진남포 등 주로 항구도시였다. 반면 내륙 도시들은 상대적으로 쇠퇴하였다. **1918년 인구 5천명 이상의 도시는 57개였다.** 지역적으로 경상남도는 일본의 세력침투가 많았던 관계로 도시화가 일찍부터 나타나기 시작하였다[朝鮮地誌資料, 1918년 편찬].

식민지 시대 도시성장은 식민지정책의 일환으로 수행되었지만 그의 발전 속도는 느리게 진행되었다. **부 · 읍 급의 도시인구는 1930년 193만 명 수준이었고 전체 인구의 9.2%를 불과하였다.** 해방 직

전인 1944년 도시 인구는 520만 명으로 전체 인구의 23.9%로 증가하였다. 당시 도시화의 진행은 소작농으로 전락한 농민들이 3· 1운동 이후 교육 · 산업에 대한 관심이 고조되면서 농촌을 떠나 간 인구이동을 일으켰다.

1945년 8 · 15 해방 이후 남북 분단으로 한국의 도시화는 빠른 속도로 진행되었다. 우선 해외동포 및 북한주민 약 168만 명이 남한으로 이주하여 도시에 정착하고 동란 후 약 200만 명이 월남한 북한주민들의 유입, 군을 제대한 시골 젊은이들이 도시 진입, 고등교육을 받은 사람들의 도시 진입으로 도시 집중화는 가속화하였다.

한국경제가 본격적으로 공업화의 길을 걸으면서 농촌 탈출 도시 집중화 현상이 일어나기 전 **1950~1970년대까지만 해도 농민들은 전체 농가의 88% 이상이 전기 없이 등잔불 아래에서 생활하였다. 전등불 밑에서 생활하는 농가는 1964년 전체 농가 2,450천호 가운데 12%(290천호)에 불과하였다. 1979년 대부분의 농가(97.8%)에 전기가 들어왔다.**

년도		1955	1965	1975	1980
농업인구 대비 총인구	한국	61.9%	55.8%	38.2%	28.9%
	일본	41.0%	30.6%	20.7%	19.2%
농업생산 대비 GNP	한국	43.9%	36.7%	24.0%	16.9%
	일본	–	7.0%	5.3%	4.8%

자료 : 김성수 P. 150 재인용

1950년대 한국 산업은 농업이 압도적인 비중을 차지했다. 한국은 한마디로 농업국가 이었고 주식이 쌀이었지만 쌀밥을 먹기 힘들었던 시절로 주로 꽁보리밥을 먹었다. 농업은 밭농사보다 쌀농사가 대접받았다.

농업은 1970년대까지 높은 비중을 유지했다. 안전답 논은 1957년 총 면적 1,110천 헥타르(ha)에 51.4% 차지하는 반면 불안전 및 천수답의 논은 48.6%를 차지했다. 벼농사는 가뭄, 홍수 등의 자연 재해에 고스란히 노출되어 있었다. 불안전 및 천수답의 논이 많은 탓으로 쌀 수확량 변동이 심하고 생산성도 낮았다

한국의 지역개발정책은 거점지역을 중심으로 집중 투자하는 불균형개발전략이었다. 거점지역 개발은 역류효과(backwash effects)에 의해서 인구와 자본이 집중되는 결과를 가져오고 이것이 중심지 소비를 증가시키면서 거점지역 소비를 충족하기 위한 배후지역이 농업생산과 원료생산을 공급하면서 다시 중심지의 고급기술이 배후지역으로 보급되는 방식이었다(확산효과spread effects). **거점지역의 성장이 확산되면 내부효과 외부경제를 통한 누적효과는 다른 지역의 부담 아래 중심지의 성장이 가속화되었다**[최창의, 지역개발전략이론의 변천, 산경논총 제6집, 1986.11, P.23].

이승만 집권기 도시인구 성장 추이

집권자	통치기간	도시인구 연평균 성장률	도시화 진전 과정
이승만 1,2,3대	1948~1960년 12년	1950~60년 전 세계 2.35% 개발도상지역 4.68% 한국 4.86%	1950년 도시화율 24.5% 도시 수 25개 시 인구 5274천 명
윤보선 4대	1960~1962년	1960~70년 전 세계 2.91% 개발도상지역 3.98% 한국 6.45%	1960년 도시화율 28.0% 도시 수 27개 시 인구 6997천 명

자료; 도시인구 성장률은 U.N., Patterns of Urban and Rural Growth, 1980, Table 2-2를 김선웅(1980년)에서 재인용, 도시화 진정과정은 김안제, 61개 시대의 의미, 도시문제(20), 12. 1985.P. 22 재인용

해방 이후의 도시화 과정에서 한국의 지역경제는 지난 65년 동안 추구한 불균형개발전략의 결과, 극심한 발전격차를 가져온 모습으로 변모했다. **대도시와 중소도시의 심각한 불균형 발전, 도시와 농촌간의 격심한 불균형구조, 지방과 지방끼리의 현저한 개발 격차, 동서지역의 심각한 개발 격차 등으로 전국 국토는 기형적인 발전구조를 이루고 있다.**

가장 기형적인 발전 모습은 서울 수도권으로 몰려든 인구집중 현상이다. 서울, 수도권의 면적은 전국의 11.8%를 차지하면서 인구는 46.3%의 비중을 점유한다. 국가 공공기관은 84%가 집중돼 있다. 100대 기업 본사는 91%가 몰려 있다.

또한 수도권은 외국기업의 75%, 벤처기업의 70%, 주요 대학의 65%, 정보통신업체의 89%가 집중되어 있다. 수도권은 금융대출의 67%, 벤처기업 및 연구개발의 70%를 차지하였다. 이 같은 **수도권 집중은 수도권의 단독 지배체제를 강화시키면서 사실상 슈퍼모노 구조를 고착시키고 있다**[매일경제, 2002. 11. 21].

우리나라 도시와 지역개발은 서울 수도권과 영남지역 중심으로 집중 개발됐다. 그 동안의 경제개발 과정에서 개발지역은 막대한 경제외부효과의 혜택을 입었다. 해당 지역주민들의 경제생활수준은 소외지역에 비해 빠른 속도로 발전되었다.

거점 도시 중심으로 공원, 교통시설, 공공건물, 공장, 공공주택, 신도시개발, 산업단지개발 등 인프라들이 집중적으로 들어서면서 발생한 파생효과는 주변으로 확산되었다. 거점 도시 인근 지역은 인구가 몰려들었고 수요와 시장을 창출하면서 배후지역의 농수산물 수요를 창출하였다.

아울러 배후지역의 부동산 값이 폭등하고 해당 지역 부동산소유자나 투기자들은 손쉽게 개발효과의 덕을 맛보았다. 이 같은 무임승차로 짧은 시간 내에 개발지역 및 인근지역에서는 신흥부자들이 출현하였다.

특정지역으로 몰리는 공장건설과 인프라구축이 낳는 외부효과는 투자 촉진과 인근 및 배후지역 개발을 더욱 가속화시키고 수혜지역 주민들은 무임승차하면서 불로소득이 겹치면서 지역 간 양극화를 부채질하였다. 한편 개발된 지역조차도 선진국에 비하면 크게 떨어진 수준이라는 점이다. 또한 개발된 지역과 방치된 지역 간의 상대적 격차는 확대 심화되는 과정을 밟았다.

이 같은 불균형 개발이 낳은 부작용은 후세대에게 고스란히 상속되고 있다. **지역별 불균형 발전은 도별 인구분포, 지역내총생산, 재정자립도, 수도권 인구 집중 등이 그대로 투영되고 있다.** 지역/지역내총생산/인구/재정자립도 순으로 나타내고 있는 다음의 통계는 그동안 불균형 개발 정도를 잘 보여주고 있다.

경기도 174조원/1111만 명/76%, 서울 194조원/1019만 명/88%, 인천 41조원 / 266만 명 / 71%, 서울 인천 수도권 집계 409조원 / 2396만 명

경상북도 58조원 / 268만명 / 29%, 대구 28조원 / 249만 명 /60%, 경상북도 대구 집계 86조원 / 517만명, 경상남도 57조원 /320만명/ 39%, 부산 48조원 / 359만 명 / 61%, 울산 41조원 / 110만 명 / 70%, 경상남도, 부산 울산 집계 146조원 / 789만 명, 영남권 집계 232조원 / 1306만 명

전라남도 41조원 /193만 명 /21%, 광주 19조원 /141만 명 / 53%, 전라남도, 광주 집계 60조원 / 334만 명, 전라북도 26조원 / 186만 명 / 23%, 호남권 집계 86조원/ 520만 명

충청북도 27조원 /151만 명 /34%, 대전 20조원 /148만 명 /66%, 충청북도, 대전 집계 47조원 / 299만 명, 충청남도 51조원 / 200만 명 / 38%, 충청권 집계 98조원 /499만 명

강원도 24조원 /150만명 /28%, 제주도 8조원 /56만 명 / 26%, 한국 전체 총계 857조원 /4927만 명 [인구; 2007년 말, 재정자립도, 지역내총생산 2006년 기준, 자료 ; 통계청].

수도권과 영남권의 지역총생산은 641조원으로 전국 지역총생산 857조 원 중 75%를 차지한다. 수도권과 영남권의 인구는 3702만 명으로 전국 인구 4927만 명 중 75%를 차지했다.

경제통계 작성이 시작된 1953년 우리나라의 국내총생산(GDP)은 13억 달러에서 2008년 GDP는 9,699억 달러로 무려 746배 늘어났다. 1인당 국민소득은 67달러에서 2만45달러로 299배 증가했다. 우리나라가 1인당 소득이 2008년 2만 달러에 이르고 세계 14위에 올랐다.

한국은 눈부신 GDP성장을 했지만, 심각한 환경 파괴를 동반했다. **그 동안의 경제개발 위주의 성장정책은 능률, 편의성, 효율성이 최고라는 사고를 낳았다. 한국의 경제성장 과정은 환경 친화적인 개발이 가능했음에도 불구하고 환경 파괴를 양산했다.**

무분별하고 무질서한 난개발이 확산됐다. 고속 경제성장이 전체

인구 절반을 유입시킨 서울은 국민경제의 급속한 성장 덕분으로 공간이 넓어지고 생활환경이 편리해 졌지만 환경은 크게 악화되었다.

서울은 미세먼지 농도와 이산화질소 농도가 파리, 도쿄, 뉴욕보다 훨씬 높다. 또한 도시 미관과 관광거리도 초라하다. **비슷비슷한 성냥 갑 아파트 단지가 전국적으로 빽빽하게 들어차 있다. 콘크리트 벽이 동서남북으로 둘려 쌓인 도시모습이다. 전국 방방 곳곳이 삭막하고 주변 환경이 비슷한 시멘트로 덧칠한 환경이다.**

주택공간이 서울 중심으로 집중 개발되면서 서울의 경제규모가 커지고 성장하는 동안 인구밀도가 급속히 올라가면서 행정이 따라가지 못해 범죄와 치안 질서도 불안하다. 한국은 국토 공간이 좁고 인구 많다고 말한 정부의 경제개발은 지난 65년 동안 소수 거점도시에 몰아넣은 인구집중만 초래해 왔다.

그 결과, 거주지역의 공간을 좁히고 각종 부작용을 낳고 있다. 한국의 인구밀도는 제곱킬로미터 당 495명이다. 택지, 공장용지, 도로용지, 등 생활에 활용되는 땅(도시적 용지) 면적 역시 6.1%로 선진국에 비해 낮다[국토연구원/매일경제, 2007.4.21.].

한국의 불균형 지역개발전략은 해당 개발지역의 땅 값과 인근 주변의 토지가격을 급속히 끌어올렸다. 특정 지역 집중개발방식은 수혜지역과 소외지역 간의 부동산 가격의 극심한 차이, 부동산 소유자간 소득 격차 유발 등을 가져왔다.

한국의 땅값 총액은 2006년 말 2820조2000억 원, 국내총생산(GDP)은 847조9000억 원의 3.33배였다. 이 수치는 1980년대 8~9배에 비하면 상당히 낮은 것이다. 국내총생산 대비 지가총액비율이 낮아진 이유는 경제성장 속도가 땅값 상승 속도보다도 훨씬 빨랐기 때문이다. **선진국의 경우 GDP대비 지가총액 비율은 1배 안밖에 머물고 있다**[매일경제, 2007.4.21. GDP대비 지가총액 비율; 02년 3.46/ 03년 3.38/ 04년 3.26/ 05년 3.29/ 06년 3.33].

한국은 지속적인 경제성장과 함께 도시화가 급속히 진행되면서 100만 명이상 거대도시가 2014년 안에 10곳으로 늘어날 전망이다. 2013년 말 현재 우리나라의 100만 명이상 거대도시는 특별 · 광역시인 서울 · 부산 · 인천 · 대구 · 대전 · 광주 · 울산에 이어 경기 수원, 경남 창원 등 모두 9곳이었으나 2014년 경기 고양시가 포함됐다.

고양시 외에 **경기 성남시**(97만9천534명), **용인시**(94만1천477명) 등도 인구 100만 명대 거대도시에 가까워지고 있다[서울=연합뉴스 이 율 기자, 2014.1.31].

거대도시(100만 이상 도시 기준) 가운데 지난해 서울(-5만1천673

명), 부산(-1만849명), 경남 창원(-7천740명), 대구(-4천56명)는 전년과 비교할 때 인구가 줄었지만 인천(3만5천801명), 경기 수원(2만7천899명), 고양(2만655명), 울산(9천224명), 대전(8천228명) 등은 인구가 늘었다. 작년 말 현재 우리나라 주민등록 총인구는 2012년에 비해 19만3천191명 늘어난 5천114만1천463명으로 집계됐다[서울 = 연합뉴스 이 율 기자, 2014.1.31/ 안전행정부].

한국은 지속적인 성장을 걸어오면서 노령자 고용률이 선진국과 전혀 다른 양상으로 발전했다. 한국은 2000년대에 접어들면서 일본을 웃도는 초고령 사회로 진입한 것이다. **한국은 65~69세 고용률과 은퇴 연령이 OECD 국가들 중 가장 높다. 또 1970년대 초보다 은퇴 시점이 늦춰진 나라는 한국이 유일했다. 이것은 노후 소득 보장체계가 구축되지 않은 단계에서 노후를 대비하지 못한 노인이 급속히 증가한 것이다.**

한국 사회의 가장 큰 문제는 한국의 경제발전이 선진국처럼 성숙단계에 진입하지도 못한 체 조기 조로화하고 노령화한 점이다. 한국 경제는 성숙경제의 저출산과 고령화 단계에 이미 접어든 것이다. 아울러 **고용 없는 성장이 구조화되고 현실화되었다.** 65세 이상 노인인구 비중은 1960년 2.9%, 1980년 3.8%, 2000년 7.2%, 2005년 9.1%, 2010년 11.0%에 이른다[한국의 사회동향 2009, 파이낸셜뉴스, 2009.12.21.].

고용 없는 성장은 국내 상장사들의 최근 5년간 성장 추이에서 그대로 나타나고 있다. **상장사들의 매출이 크게 증대하는 외형 성장에도 불구하고 고용이 늘어나기는커녕 정체되거나 감소하고 있다**[매일경제, 2009.12.20.]. 2005년부터 2009년 3분기까지 상장사 546개의 매출은 5년간 총 24%나 증가했지만 직원 수는 2% 감소했다.

기업 직원 수는 3분기 말 현재 총 83만1731명으로 지난해 말보다 0.2% 줄었고 5년 전에 비해서는 2%나 줄었다. 기업 절반 이상이 고용자 숫자가 5년 전과 같거나 줄었다. 한국의 실업률은 2008년 3.34%로 OECD 평균(6.05%), 독일 7.6%, 미국 5.9%, 영국 5.4% 등 주요 선진국보다는 양호하지만 한국의 고용률(15~64세 인구 중 취업자 비율)은 63.8%로 OECD 평균인 66.5%보다 낮다. 한국은 선진국에 비해 비경제활동인구가 많다.

32. 한국 대학출신자의 양산

한국은 20세 이상 성인 3천676만5천374명(2010년 총인구조사) 중 대학 출신은 43.2%인 1천587만8천204명이다[8]. 또 고등학교 출신은 32.5%(1천193만6천271명), 중학교 출신은 9.3%(342만2천905명), 초등학교 출신은 10.7%(393만5천106명)이었다. 학교 교육을 받지 못한 성인은 159만2천888명으로 4.3%를 차지하였다.

성인 인구 중 대학 교육 경험자 비중은 40년 전만 해도 10%에 불과했다. 산업화 초기인 1970년 성인 인구 1천510만5천685명 중 대학 출신은 99만3천16명으로 6.6%였다. 성인 인구에서 대학 출신이 차지하는 비중은 꾸준히 늘어 1980년 10.3%, 1990년 18.8%, 2000년 31.4%에 이어 2010년 40%가 넘을 정도로 기하급수적으로 늘었다.

대학 진학자가 늘어나면서 학생들을 수용할 대학도 많이 증가했

8) 이는 전문대학과 대학, 대학원의 중퇴 · 수료 · 졸업자 등을 모두 포함한 숫자이다.

다. 특히 사립대학들이 우후죽순처럼 생겨났다. 전국의 대학 수는 1980년 224곳에서 1990년 241곳, 2000년 349곳, 2005년 360곳으로 늘었다. 그러나 과포화 상태가 되며 2010년에는 345곳으로 오히려 줄었다.

대학 교육 경험자가 늘어난 만큼 학교 정규교육을 받지 못하거나 중학교 이하 단계에서 학업을 접어야 했던 인구는 많이 감소했다. 1970년 당시 성인 인구 중 29.0%(438만2천230명)가 초등학교 교육조차 받지 못한 사람들이었다. 그러나 40년 사이 성인 인구의 4.3%(159만2천888명)로 줄었다.

초등학교 중퇴·졸업자는 1970년 성인 인구의 38.4%를 차지했으나 2010년에 10.7%로 줄었고 같은 기간 중학교 출신 성인 비중은 13.7%에서 9.3%로 감소했다. 고등학교 출신이 성인 인구에서 차지하는 비중은 1970년 12.2%에서 1995년 39.0%까지 커졌다가 감소세로 돌아서 2010년 32.5%로 작아졌다.

1990년대까지 고등학교 출신이 대학 출신보다 많았지만 2000년대 들면서 조금씩 역전됐다. **25~64세 인구 중 대학 이상의 고등교육 인구 비중은 한국의 경우 2009년 기준 39.0%로 OECD 평균(30.0%)보다 월등히 높았다**[경제협력개발기구(OECD)].

이처럼 고학력 인구가 증가한 것은 산업화·정보화 과정에서의 고급인력 필요성, 학력에 따른 사회적 차별과 뜨거운 교육열 등이 복합적으로 작용한 탓이다. 교육 수준에 따른 사회적 차별은 임금 수준에서 쉽게 확인할 수 있다. 2010년 기준으로 중졸 이하 근로자의 월평균 임금은 161만원, 고졸 189만원, 전문대졸 198만원, 대졸 이상 295만원이다. 중졸 이하 근로자의 임금이 대졸 이상 근로자의 54.7%에 그쳤다.

40년 전에는 성인 10명 중 0.7명만이 대학 출신이었지만 **이제 경제성장이 고급인력을 흡수하지 못하고 소비를 옥죄는 사교육비 부담 증가만 가져오는 부작용도 가져왔다**[서울 = 연합뉴스, 박상돈 기자, 2012.10.29./통계청/교육통계서비스].

첫째, 학력 인플레이션이 심각해지면서 청년취업에 깊은 그늘을 낳고 있다. 대학 이상의 고등교육기관 졸업자의 취업률은 2000년 68.4%에서 2005년 74.1%로 올랐다가 **2010년에는 55.0%까지 떨어져 고학력 미취업자가 계속 늘어나고 있다.**

둘째, 고학력 미취업자의 양산은 심각한 사회적 교육적 경제적인 문제를 야기하고 있다. **교육과 돈의 낭비, 소득기회의 상실, 사회불안, 가정적 갈등 등의 문제를 야기하고 있다. 인적자원의 심각한 왜곡으로 자원배분의 기능 자체를 파괴시키고 있다.**

셋째, 심각한 사교육비 문제를 유발하고 있다. 2010년 전체 사교육비는 20조1천266억원이며 이중 초등학교 9조461억원, 중학교 6조6억원, 고등학교 5조799억원이었다. 학생 1인당 월평균 사교육비는 초등학교 24만1천원, 중학교 26만2천원, 고등학교 21만8천원이었다. 사교육을 받는 학생 기준으로는 초등학교 28만4천원, 중학교 36만8천원, 고등학교 42만2천원이다. **사교육 참여율은 초등학교 84.6%, 중학교 71.0%, 고등학교 51.6%였다.**

넷째, 심각한 사교육비 부담은 가계의 소비지출능력을 억제하거나 줄이면서 소비기반 자체를 약화시킨다. 소비지출이 총수요를 떠바치는 역할을 하지 못함으로서 경제성장의 한계를 유발한다.

다섯째, 한국처럼 높은 교육비 부담 가중은 경제적인 측면이외에도 가정의 평화와 안정을 위태롭게 하는 요소로 등장한 점이다. 젊은이들의 가치관과 생각까지 흔들어 놓고 있다. 대표적인 예가 젊은이들이 결혼 기피와 아이 안 낳기 등을 보이는 태도를 낳고 있다.

한국경제는 부실한 고등교육 졸업자들이 많다. 4년제 대학 졸업자 하위 20%와 2년제 대학 졸업자 하위 50%는 고졸보다 임금이 낮은 상황을 맞고 있다. **한국 교육이 양적으로 팽창하고 관련 지출이 늘고 있는데도 이런 투자가 실질적인 양질의 인적자본 형성으로 이어지지 않았다.**

한국 교육의 양적 성장과 학업 성취는 놀랄 만한 수준이다. 2010년 기준 **전체 노동인구 중 대졸자 비중은 약 60%에 이르며, 노동인구(15~64세)의 평균 교육연수는 1960년 4.6년에서 2010년 12.6년으로 증가했다.**

특히 청년층(15~34세)의 평균 교육연수는 13.4년으로 이미 미국(12.8년)을 추월했고 뉴질랜드(13.7년)에 이어 세계 2위 수준이다.

교육 투자도 급증했다. **1990년에서 2009년 사이 사교육비와 등록금 형태의 민간 교육 지출은 학생당 연간 114만8천원에서 510만6천원으로 늘었다.**

그러나 **교육 투자의 상당 부분은 노동시장에서 가치를 갖지 못하는 교육거품이 낀 것으로 관측한다.** 실제, 4년제 대졸자 중 하위 20%와 2년제 전문대졸자 중 하위 50%는 고졸자의 평균 임금보다 낮은 임금을 받았다. 또 **대학교육을 받고 노동시장에 진입한 청년층 노동인구 중 고졸자 임금의 평균 혹은 중간값 보다 낮은 임금을 받는 인구 비중은 1980년 약 3%에서 2011년 약 23%까지 늘어났다.**

대학 구조가 수직적으로 차별화돼 있어 질 낮은 대학에 진학하는 학생들은 졸업 후 노동시장에서 대학교육에 투자한 만큼의 수익을 얻지 못하는 경우가 많다. 늘어나는 교육투자와 대학진학이 소득분

배 개선이나 인적자본 형성에 오히려 악영향을 미치는 것이다[세종=연합뉴스 차지연 기자, 2014.10.21/ 한국개발연구원(KDI); 한국은 인적자본 일등 국가인가?/ 교육거품의 형성과 노동시장 분석].

33. 한국인의 거주모습과 소득격차

우리나라의 전체 가구 수는 총 1733만4000가구(2010년 기준)로 지난 2005년보다 144만7000가구(9.1%) 증가했다. 이 가운데 1인가구는 403만9000가구로 전체 가구의 23.3%로 3.3%포인트 늘었다.

아파트, 연립주택 등 공동주택에 거주하는 가구 비율은 57.7%로 2005년 조사에 비해 5.3%포인트 늘었다. 주택 수는 1488만7000호로 집계됐다. 이 가운데 아파트는 867만1000호로 전체의 58.3%비중을 차지하였다. **연립과 다세대를 포함하면 공동주택이 전체의 71%다**[통계청: 2010 인구 주택 총 조사 잠정 집계 결과, 인구주택 총 조사 5년마다 실시, 이데일리, 2010.12.28].

한국의 소득배분 분포는 소득 상위 10%에 해당하는 부유층 가구의 월평균 소득이 하위 10%의 10배가 넘는다. 2012년 전국의 2인 이상 비농가 소득 상위 10%에 해당하는 10분위 가구의 월평균 소득은 921만2천원으로 집계됐다. 이는 하위 10% 계층인 1분위의 가구당 평균 월 소득인 90만3천원의 10.2배에 달하는 수준이다. 소득 상위 10% 가구의 월평균 소득은 4분위 297만7천원의 3배, 7분위 451만8천원의 배에 달할 만큼 격차가 컸다.

다만 금융위기 직후인 2008년부터 2012년에 이르는 5년 동안의 소득 증가율로 보면 상대적으로 소득이 적은 계층이 약진한 것으로 나타났다. 소득 10분위의 월평균 소득은 2008년 797만8천원에서 지난해 921만2천원으로 15.5% 증가, 10개 분위 중에서 증가율이 가장 낮았다.

같은 기간 9분위의 소득 증가율은 18,1%, 8분위는 19.4%, 7분위는 20,7%, 6분위는 21.7%로 순서대로 6~9위를 차지했다. 소득 증가율이 가장 높은 구간은 소득 3분위로 26.9%였다. 4분위가 26.0%, 2분위가 25.1%, 1분위가 25.4% 등으로 뒤를 따랐다. 이는 소득 중하위인 서민 계층의 소득 증가율이 높았다는 의미다[세종 = 연합뉴스, 박용주 기자, 2013.10.02/통계청과 기획재정부 국정감사 제출 자료].

34. 전업주부와 가사 종사자의 급증

한국의 고등교육의 비효율성과 낭비, 노동시장구조의 왜곡은 가사 종사자의 급증 현상에서도 잘 드러나고 있다. **전문대 이상 대졸자를 양산하는 한국은 집안일만 하는 사람이 600만 명으로 불어났다.** 15세 이상 인구의 14.4%이며, 여성으로만 따지면 27.5%에 해당한다. 2012년 비경제활동(비경)인구 중 가사 종사자는 597만7천명으로 전년보다 12만3천명(2.1%) 늘었다. 월별로는 농한기인 겨울철을 중심으로 600만명을 훌쩍 넘는다. 가사 종사자 증가분은 지난해 전체 비경 인구(1천608만1천명) 증가분인 12만8천명(증가율 0.8%)의 대부분을 차지할 정도로 많았다.

가사 종사자 증가율은 15세 이상 인구 증가율(1.3%)의 1.6배였다. 연간 추이를 보면 2001년(512만7천명)에 500만명대로 올라선 이후 2003년(-8만5천명)을 빼고는 매년 늘었다. 2004~2008년에는 전년 대비 증가 규모가 1만1천~7만8천명에 그쳤으나 금융위기 이후인 2009

부터는 해마다 10만 명이상 늘고 있다. 최근 5년간 63만4천명 (11.7%) 늘었다[서울 = 연합뉴스 정준영 기자, 2013.1.22./통계청 자료].

일자리가 없고 구직활동도 하지 않은 비경제활동 인구는 가사, 육아, 연로, 통학, 취업준비, 쉬었음, 심신장애 등으로 구성된다. 가사에는 '주로 취학 전 자녀를 돌보고자 집에 있는' 육아나 '나이가 너무 많아 아무 일 없이 시간을 보낸' 연로는 포함되지 않는다. 보육 부담이 없는 순수한 전업주부인 셈이다. **여성이 583만5천명으로 대부분(98%)이다. 나이로는 40~50대가 많다.**

가사 종사자 증가에는 전체 인구가 느는 구조적인 이유 외에 최근 40대 여성의 고용률이 추락한 영향도 작용한 것이다. 지난해 40대 여성 고용률은 전년 동기 대비로 네 분기 연속으로 하락해 성별·연령별 그룹 중에서 가장 부진했다. 고용시장에서 40대 여성은 20대와 함께 경기 침체에 가장 취약한 층으로 꼽힌다. 가사 인구 증가에는 최근 40대 여성의 고용률 하락 영향이 있다. 최근 1인 자영업자를 중심으로 자영업자 증가세가 둔화한 것과도 무관치 않다.

35. 핵가족 붕괴와 가족 해체

부모와 미혼자녀로 구성된 핵가족은 '더 쪼갤 수 없는' 가족의 최소 단위로 여겨졌다. 이런 핵가족이 무너지고 있다. 핵가족 형태의 가족은 근대 이전에도 있었으나 근대 산업사회의 도래와 함께 일반화했다. 남편은 밖에서 돈을 벌고 아내는 가사를 맡는 '역할 분담' 모델을 기반으로 해 사회에 노동력을 공급하는 기초단위 역할을 한 것이다.

그러나 **이제 핵가족마저 파편화하고 있다. 핵가족의 범주에서 벗어나는 1~2인 가구가 이미 전체 가구의 절반에 이르렀고 이런 추세는 앞으로 가속화할 전망이다.** 일각에서는 전통적 대가족과 핵가족에 이어 1인 가구가 '제3의 가족' 형태로 등장했다며 가족 구조의 '혁명'이라고 일컫고 있다.

이 혁명은 인구 고령화, 사별에 따른 독거노인의 증가, 자발적 또는 비자발적 비혼(非婚)의 증대, 출산 · 양육 기피, 이혼의 증가 등이 복합된 결과물이다[서울 = 연합뉴스 기획취재팀, 2012.12.3.].

많은 한국 젊은이들은 결혼을 꼭 해야 한다는 생각이 없다. 현재의 내 생활이 편하고 앞으로도 혼자 잘 꾸려나가는 것을 마음 편하게 생각한다. 이 같이 결혼하지 않는 미혼인구는 1인 가구 증가에 1등 공신이다.

2010년 우리나라의 가구 수는 총 1천733만9천 가구로 이 가운데 1~2인 가구가 48.2%에 이른다. 2인 가구가 420만5천 가구(24.3%), 1인 가구가 414만2천 가구(23.9%)였다. 전통적 표준가구에 해당하는 4인 가구(부부 + 미혼자녀 둘)는 22.5%(389만8천 가구)로 그 다음이었다.

2005년 조사까지만 해도 4인 가구가 27.0%로 가장 큰 비중을 차지했는데 1~2인 가구에 밀렸다. 20년 전인 1990년 '4인 가구(29.5%), 3인 가구(19.1%), 5인 가구(18.8%)'가 주류였던 점에 비춰보면 급격한 변화다. 1990년 1인 가구와 2인 가구의 비중은 각각 9.0%, 13.8%에 불과했다[통계청; 2010 인구주택 총조사].

핵가족 해체 현상은 가구의 구성 유형에서도 확인된다. 전체 가구 가운데 부부 가구가 17.5%, 독신 가구가 23.9%, 편부모 가구인

모자가구와 부자가구가 각각 7.2%, 2.0%로 이를 모두 합하면 50.2%에 달한다. 과반이 전형적인 핵가족의 범주에서 벗어난 것이다. 1~2인 가구가 이처럼 급증한 이유는 뭘까?

최근 10년 사이 1인 가구 증가에 가장 크게 기여한 요인은 미혼율 증대다. 10년간 1인 가구가 191만7천 가구 늘었는데 그 가운데 미혼 상태의 1인 가구가 88만6천 가구 늘어 증가분의 46.2%로 가장 많았다. 사별은 22.3%, 이혼은 17.6%였다. 미혼 1인 가구 증가는 남성에서 더 두드러졌는데 남성 1인 가구 증가의 54.5%가 미혼 탓이었고 이혼 탓인 경우는 19.0%였다.

여성은 미혼이 37.6%, 사별이 36.0%, 이혼이 16.2%를 차지했다. 2인 가구의 증가 원인으로는 '자녀 분가'에 따른 고령부부의 증가와 이혼·분가 확산에 따른 편부모 가구의 증가가 꼽혔다. 10년 사이 증가한 2인 가구 중 부부만으로 이뤄진 2인 가구가 61.5%를 차지했고 모자가구가 18.7%, 부자가구가 7.0%를 차지한 것이다.

2035년 국내 총 가구는 2천226만1천 가구로 30%가량 늘지만, 평균 가구 구성원 수는 2010년 2.71명에서 2035년 2.17명으로 줄어든다. 1인 가구가 34.3%(762만8천 가구)로 늘어 가장 보편적인 가구 형태로 자리 잡고 2인 가구(34.0%·757만9천 가구)가 그 뒤를 잇는다. 3인 이상 가구 비중은 31.7%에 그친다. 10가구 중 7가구꼴로 전통적인 '표준가족' 범주에 들지 않는 1~2인 가구가 되는 것이다.

가족 구성원을 기준으로 유형을 나누면 2010년에는 '부부 + 자녀' 형태의 가구가 37.0%로 가장 많았으나 2035년에는 20.3%로 비중이 작아진다. 대신에 1인 가구(34.3%)와 부부로만 이뤄진 2인 가구(22.7%)가 1, 2위가 된다.

부부 가구는 자녀를 갖지 않은 가구보다는 주로 자녀를 독립시킨 뒤 노부부만 남은 가구가 크게 증가할 것으로 진단한다. 특히 앞으로 증가할 1인 가구는 미혼보다는 고령화 탓이다. 2035년까지 65세 이상 1인 가구는 연평균 9만5천 가구씩 늘어 전체 1인 가구 증가의 68.3%를 차지하게 될 것이다.

2010년 기준으로 가장 일반적인 가족은 부모와 자녀가 함께 사는 모습이지만 2035년에는 미혼, 배우자 사별 · 이혼 등으로 1인 가구가 대세가 된다. 고령화가 급속하게 진행돼 가구주가 65세 이상인 고령 가구도 늘어난다. 고령 가구와 1인 가구의 교집합인 고령 1인 가구 역시 증가해 전라남도에서는 2035년에 네 집 가운데 한집 꼴로 독거노인 가구가 된다[서울 = 연합뉴스, 김준억 구정모 박수윤, 2012.8.28./통계청; 장래가구추계 시도편:2010~2035].

가구유형별로는 1인 가구가 2035년에 전국 16개 시도의 대표적인 가구 유형이 된다. 1인 가구가 2035년에 전국 16개 시도의 대표적인 가구 유형이 된다. 2010년 현재 전국에서 부부+자녀 가구가 전체 가구의 37.0%로 가장 많다.

그 다음은 1인 가구(23.9%), 부부가구(15.4%) 순이다. 16개 시 도 가운데 전남은 1인 가구, 부부+자녀 가구, 부부가구 순이다. 2035년엔 1인 가구가 전체 가구의 34.3%로 가장 많아진다. 16개 시도별로도 1인 가구 비중이 가장 크다. 서울·인천·광주·대전·경기는 1인 가구, 부부+자녀 가구, 부부가구 순이고, 나머지 11개 시도는 1인 가구, 부부가구, 부부+ 자녀 가구 순이다.

1인 가구는 기대 수명의 연장으로 고령층 증가세가 두드러진다. 연령별로 1인 가구를 나눠보면 2010년 35~64세(44.2%), 35세 미만(30.4%), 65세 이상(25.4%) 순이었으나 2035년엔 65세 이상이 45.0%로 가장 많아진다.

전남(62.8%), 전북(55.0%), 경북(53.5%), 경남(52.6%), 부산(50.8%) 등 5개 시도는 65세 이상 1인 가구가 전체 1인 가구의 절반을 넘을 것으로 예상된다. 혼인상태별 1인 가구를 분류하면 사별이 2010년 28.8%에서 2035년 35.4%로 늘어나며 가장 많아진다. 이어 미혼(33.8%), 이혼(17.0%), 유배우(13.8%) 순이다. 사별 1인 가구가 많은 곳은 전남(57.7%), 전북·경북(47.1%), 경남(45.3%) 등이다.

이들 지역은 65세 이상 1인 가구 비중이 높은 곳이기도 하다. 부부가구는 젊은 층에서 감소세가 눈에 띈다. 연령별로 **35세 미만 부부**가구가 연평균 6천 가구가 줄어 전체 부부가구에서 차지하는 비중이 2010년 12.4%에서 2035년 3.8%로 낮아진다.

특히 2010년에 서울(18.3%), 경기(18.1%), 인천(16.6%) 등 특·광역시와 경기는 35세 미만이 10%가 넘었으나 2035년엔 경기(5.4%)를 제외하고 모두 5% 미만으로 급감한다. 65세 이상 부부가구는 연평균 7만5천 가구가 늘어 그 비중이 2010년 38.9%에서 2035년 57.8%로 커진다.

가구원수로 보면 모든 시도에서 4인 가구는 감소하고 1,2인 가구가 지속적으로 증가해 2035년엔 1,2인 가구가 대표 가구가 된다. 제주·울산·대구·경기·서울·인천 등 6개 시도는 2인 가구가 가장 많다. 이어 1인, 3인, 4인 순이다.

나머지 10개 시도는 1인, 2인, 3인, 4인 가구 순이 된다. 가구유형별로 16개 전 시도에서 1인 가구가 가장 많은데 가구원수로 보면 제주, 울산 등 6개 시도에서 2인 가구가 가장 많은 것은, 분류 기준의 차이 때문이다.[9]

---

9) 가구유형별로 부부가구와 한 부모+자녀, 기타 등이 따로 계산되는데, 가구원수로는 2인 가구로 묶일 수 있다.

제주, 울산, 대구 등 6개 시도에서 2인 가구가 1인 가구보다 많아지게 된다. **가구주가 65세 이상인 고령가구 비중은 전남이 단연 높았다.** 2010년 고령가구 비중은 전남(33.2%), 전북(26.7%), 경북(26.0%) 순이고 2035년엔 전남(51.9%), 경북(47.3%), 전북(47.0%) 순으로 예측됐다.

2035년에 고령가구 가운데 1인 가구 비중은 전남(51.2%)이 가장 높고, 전북(46.8%)과 경북(46.4%) 등 9개 시도는 40%를 넘어선다. 고령화가 가장 심한 지역인 전남의 '65세 이상 1인 가구'의 비중은 2035년에 26.6%로 높아져, 네 집 가운데 한 집에 노인이 홀로 사는 셈이다.

고령 가구 가운데 부부가구의 비중은 제주(38.4%), 충남(37.1%), 전남(36.6%) 등의 순으로 높을 것으로 전망됐다. 75세 이상 가구 비중은 2035년에 전남(27.4%), 전북(24.1%), 경북(23.8%) 등 9개 시도에서 20%를 넘길 것으로 추산됐다.

가구원 수도 줄어 2035년에 전남(1.88명), 경북(1.89명), 강원(1.95명), 충북·충남(1.96명) 등 5개 시도는 평균가구원이 2명에도 못 미칠 것으로 전망됐다. 2035년의 가구주 혼인상태를 보면 배우자와 함께 사는 가구 비중은 울산(62.4%), 경기(56.5%), 경남(54.4%) 순으로 예측됐다. 미혼가구는 광주(25.5%), 서울(24.7%), 대전(24.1%)

순으로, 사별가구는 전남(22.3%), 경북(18.4%), 전북(17.1%) 순으로 예상됐다.

가구 수는 2010년 현재 **1천735만9천 가구**에서 2035년에는 **2천226만1천 가구**로 30% 늘어난다. 가구 수 비중을 시도별로 보면 현재 경기(22.1%), 서울(20.2%), 부산(7.2%) 순에서 경기(24.6%), 서울(18.5%), 경남(6.6%) 순으로 바뀐다.

가구 수 증가율은 점차 감소해 울산은 2032년부터, 대구는 2035년부터 감소한다. **남성가구주 구성비가 높은 곳은 현재 울산(80.2%), 경기(77.3%), 충남(75.6%)이다.** 2035년에는 울산(72.5%), 경기(66.6%), 경남(66.1%)의 남성가구주 비율이 전국(64.9%)보다 높을 전망이다. **여성가구주 구성비는 현재 서울(37.6%), 부산(37.0%), 전남(36.6%)이 높다.**

2035년에는 서울(37.6%), 부산(37.0%), 전남(36.6%) 등이 전국 평균치(35.1%)를 웃돈다. 가구주의 중위연령은 현재 48.8세에서 2035년 60.9세로 높아진다. 광주, 대전, 경기, 서울을 제외한 12개 시도에서 60세를 넘긴다.

특히 2035년 전남의 여성 가구주 중위연령은 70.96세로 70세선을 돌파할 것으로 예상된다. 가구주가 65세 이상인 고령가구는 2035년 모든 시도에서 늘어난다. 인천(12.1%), 울산(12.0%), 경기(11.5%)의 증가율이 두드러진다.

65세 이상 가구주 가구의 비중은 현재 17.8%에서 2035년 40.5%로 급증한다. 같은 기간 가구주가 35세 미만인 가구는 모든 시도에서 줄어드는데 울산(-2.3%), 대구(-2.0%), 인천(-1.7%)의 감소폭이 크다.

36. 독신 인구의 증가 추세

결혼과 육아를 포기한 독신 인구가 전 세계에 걸쳐 증가하는 추세다. 13억 인구 규모의 중국도 예외는 아니다. 문화대혁명 이후 세대 젊은이들은 빠른 경제발전을 타고 전문직으로 자리잡으면서 전통적인 결혼관에서 훨씬 자유로워진 모습을 보이고 있다. 아직까지 많은 중국 여성들은 결혼을 당연한 과정으로 여기지만 점차 고등교육을 받고 사회적 커리어를 쌓는 것을 짝을 만나는 것보다 더 중요하게 여기는 여성들이 점차 늘어나는 추세다.

수백 년 동안 굳건했던 중국의 전통적 가치가 흔들리고 있다. 상하이시의 대졸자 여성 중 7%가 45세까지 독신자들이다. 이는 과거에 비해 엄청난 변화다. 중국 대도시에 거주하는 25~34세 여성들 중 미혼자는 700만 명에 이른다. 이러한 여성들은 사회적으로 높은 지위를 얻고자 하는 열망이나 자신들에 걸 맞는 이상적인 배우자에 대한 '눈높이'도 매우 높다.

전통적으로 여성의 사회활동이 금기시됐던 중동에서도 이 같은 추세가 뚜렷하다. 아랍에미리트연합(UAE)의 경우 30세 이상 여성의 60%가 미혼이며, 이는 1995년 20%에 불과하던 것에 비해 크게 늘어난 것이다.

미국과 유럽 등 선진국에서는 오래 전부터 이 같은 독신화 현상이 가속돼 왔다. **미국의 경우 성인 인구의 절반이 미혼이며, 이는 1950년에 비해 22% 늘어난 것이다. 독신자의 경우 전체 성인의 15%다. 여기에 신흥시장 국가들까지 빠른 경제성장을 타고 이 같은 추세가 확산되고 있다.**

오는 2020년까지 전세계 독신자 인구가 지금의 20%인 4800만명 더 늘어날 것으로 전망한다. **이 같은 추세에 힘입어 간편 조리식품 등 '싱글산업'이 호황을 누리는 한편 각국이 저출산과 노령화 해결에 골머리를 앓고 있다. 단독가구의 증가는 부동산가격 상승, 세수 감소, 고령자 부양 부담을 위한 사회비용 증가 등으로 이어지기 때문이다**[아시아경제 김영식 기자, 2012.8.26.].

37. 한국의 수도 서울의 생활환경

서울 시민의 평균 연령은 38.2세다. 한국이 노령화되고 출산율 저하로 고민하는 나라이지만 서울만은 인구 연령이 청년도시이니 노령화를 타령할 처지가 아니다. 오히려 청년 실업과 청년 취업이 문제가 되고 있다[뉴스토마토 임애신 · 황민규 기자, 2012.2.23].

사람과 기업 · 돈이 서울에 인력이 몰리면서 좀 '잘 났다' 싶은 인재들은 지방에서 서울로 올라온다. 그러면서 서울은 지방과의 격차가 벌어지기 시작했다. **우리나라 국토 면적의 1%도 안 되는 서울에 1천만명이 거주한다.** 주요 일자리가 창출될 뿐만 아니라 문화와 복지 수준이 높다는 생각에 사람들이 너도나도 서울로 몰려든다.

일일 생활권 시대가 열리며 서울을 벗어나는 이들이 있지만, 여전히 서울은 북적거린다. 사람들이 가는 곳마다 우글거린다.

서울의 보통가구는 월 325만원을 버는 전문대 이상의 40대 가장이 대표한다(2010년 기준). 평균 가구원수는 2.76명꼴이다. 서울 시민은 평균 30세 미만이다. 서울에 혼자 사는 가구는 23.8%다. 이들의 평균 소득은 190만원으로 일보다는 여가를, 집보다 승용차를 선호한다[통계청: 2010년 인구주택총조사].

베이비부머는 712만 명으로 서울인구의 14.6%를 차지했다. 베이비부머의 평균소득은 391만원이었다. **서울 거주 노인 10명중 7명은 100만 원이하의 소득자다. 노인 중 20%가 소득 없으며 무소득 노인 중 여성 노인이 24%로 남성 노인보다 8%포인트 더 많았다.**

지방과 서울의 집값 격차는 여전히 심하다. 2011년 1월말 기준 서울지역 아파트 평균 매매가는 5억3767만원이다. 부산은 1채당 평균 매매가격이 2억702만원, 대전은 1억9437만원, 광주는 1억2729만원등이다. **전국에서 아파트 1채당 평균 매매가격이 가장 싼 곳은 전남으로 1억648만원에 불과했다.** 서울과 지방의 전세 값 격차도 뚜렷하다.

서울 아파트 가구당 평균 전세 값이 2억6398만원(강북권 2억1508만원, 강남권 3억414만원)에 달했으나 부산은 1억3609만원에 그쳤다. 또 대전이 1억2715만원, 울산은 1억2204만원, 대구는 1억1578만원, 광주는 9601만원이었다. 아파트 1채당 평균가격이 가장 낮은 광주의 경우 아파트 2채를 팔아야 서울에 전셋집을 얻을 수 있었고, 서울 강남권에 아파트를 장만하려면 광주 아파트 5채를 팔아야 가능하다[국민은행; 전국주택가격동향].

2011년 말 전국 가계부채는 900조원에 달한다. 이 가운데 서울시민의 가계부채가 30%를 넘는다. 이는 높은 전세 및 매매값(66.1%)과 교육(11%), 생활비(교육 · 의료 제외) 관련 부채(11%)가 원인이다. 아울러 최근 서울 및 수도권 내 교통정체구간이 점점 확대되고 있는 양상이다. **심야시간을 제외하고는 대부분의 지역에서 교통정체가 심각해지고 있다.**

이 같은 극심한 정체에 따른 이산화탄소 배출량의 증가는 도심지 생활환경을 열악하게 만들고, 스트레스는 국민들을 지치게 한다. 2011년 기준 서울시내 도심권 통행속도는 16.6km/h 수준이다. 울산(28.9km/h), 대구(25.7km/h), 광주(20.81km/h) 등 광역시보다 월등히 느리다[한국교통연구원 · 해당 지자체 분석].

서울 거주자 중 절반이 210~450만원의 중산층이다. 그러나 서울시민 절반 이상은 자신은 중하층에 속한다고 생각한다. 이 비율은 점차 증가하는 추세다. 서울의 중산층마저 상대적인 박탈감을 느끼고 있다.

서울 시민의 평균 수명은 2000년 76세에서 2009년 80세로 지속적인 증가 추세지만 서울시민의 자살수도 해마다 늘고 있다. 자살자는 2006년 1742명에서 2010년 2668명으로 매년 증가하고 있다. 4년간 무려 자살자가 53.2%나 늘었다. 그 원인을 살펴보면 우울증 등의 정신적 문제가 가장 컸다.

우글거리며 사는 서울 사람들은 무한 경쟁에 치이면서 스트레스를 많이 받고 주변 사람들과의 접촉도 줄이고 있다. 이런 분위기는 특히 젊은이들과 부녀자들이 혼자 마음에 담아두면서 병을 키우다가 극단적인 선택을 한다. **서울에 거주하는 여성은 자녀 보육에 대한 부담 때문에 자녀를 낳고 싶어도 낳지 못한다.**

실제 서울시의 출산율은 전국에서 가장 낮은 것이 이를 반영한다. 서울에 사는 기혼여성은 1.96명의 자녀를 원하지만 실제로는 0.94명에 불과하다. 전국적으로 이상적인 자녀수와 실제 자녀수가 각각 2.0명 · 1.87명인 것이 못 미친다. 서울시민이 희망하는 자녀수보다 실제 출산하는 자녀수가 크게 낮다는 것은 생식 보건권이 취약한 것을 뜻한다[서울시여성가족재단].

이 모든 것이 불비함에도 불구하고 서울이 좋다. 수도권이 지역경제의 절반가량을 차지하면서 수도권 집중은 여전히 진행형이다. 대기업과 금융기관, 행정기관이 모두 서울에 밀집돼 있기 때문에 일자리를 찾아 사람들이 몰리는 현실이다. 복잡한 주거 환경 속에서도 지난해 서울시민 1인당 소득은 괄목할만하다.

서울의 1인당 개인소득은 1593만7000원으로 울산에 이어 두 번째로 높다[통계청; 2010년 지역소득(잠정)]. 공장과 사람이 몰려 있는 두 곳이 높이 나타난다. 아울러 **민간소비와 지역내총생산 · 지역총소득 등이 모두 전국 평균을 웃돈 지역은 서울과 울산이다. 소득, 소비 등의 변수를 통해 볼 때 서울 수도권과 경상도에 한 마디로 모든 것이 과도하게 집중돼 있다는 것을 뒤 받침해주고 있다.**

지난 1990년부터 서울에서 인구가 조금씩 빠져나가고 있음에도 서울의 인구밀도에는 큰 차이가 없다. 서울까지 1시간 내외로 오갈 수 있는 범 수도권이 형성되며 잠만 경기도에서 자고 일은 서울에서 하는 사람이 많아졌다.

서울로 온 젊은이들은 지방에서 느껴보지 못한 다양한 사람들을 북적거리는 도심에서 만나고 색다른 경험을 할 수 있어서 다시 지방에 내려가서 사라고 하면 답답할 지경이 된 것이다.

주요 대학이 서울에 있고 청년층을 유인하는 주요 일자리 있어 자연스럽게 구직자들도 몰릴 수밖에 없어 인구가 과밀해 질 수 밖에 없다. 이 같은 과밀로 인해 주택부족 · 높은 물가 · 환경오염 등의

문제를 일으키고 있다.

이 같은 과밀 혼잡 비용보다 기대 이익이 더 클 것으로 생각하는 개개인이 많기 때문에 삶의 질이 낮더라도 서울에 오고보자는 심리가 작용해 사람들이 절로 모이게 되는 것이다.

38. 한국의 취업유형과 임금 구조

국내 경기 회복으로 2010년 취업자가 2009년보다 32만3000명 증가하고 실업자는 3만1000명 감소하였다. 연도별 취업자 증가 수는 2006년 29만5000명, 2007년 28만2000명, 2008년 14만5000명으로 증가폭이 점점 둔화되다가 2009년 7만2000명으로 감소세로 전환됐다. 생산, 투자 및 수출 호조로 고용회복이 지속되면서 취업자가 큰 폭으로 늘었다.

비경제활동인구는 가사 등이 늘면서 증가했고 전년에 비해 14만3000명이 늘어난 1584만1000명으로 집계됐다. 1년 내 구직경험이 있는 구직 단념자는 22만명으로 전년에 비해 5만8000명 증가했다.

고용률은 58.7%로 2009년 대비 0.1%포인트 상승했다. 같은 기간 실업자는 92만 명으로 전년보다 3만1000명 감소해 실업률은 3.7%로 전년대비 0.1%포인트 상승했다. 이는 2005년 3.7%를 기록한 이후 5

년 만에 최대다.

15~29세의 청년실업률은 8.0%로 전년의 8.1%에 비해 소폭 하락했지만 전체 실업률보다 2배 이상 높다. 청년 실업률은 지난 2006년 7.9%, 2007년과 2008년 각각 7.2% 2009년 8.1%로 여전히 높다.

고용회복 흐름이 계속되면 실업률이 다소 개선되겠지만 눈에 띠는 획기적 개선은 없다. **특히 젊은이들의 취업체감은 매우 저조하다. 매년 대학졸업생이 쏟아지지만 청년들의 신규 취업은 여전히 힘들다.**

2011년 5월 현재 청년층(15~29세) 인구는 961만4천명으로 지난해 같은 달보다 10만5천명 줄면서 취업자도 393만 명으로 감소했다. 청년층 취업난이 지속되면서 실업자는 31만1천명으로 증가했고 취업준비자는 58만8천명으로 늘었다.

이에 따라 고용률은 40.9%로 1년 전보다 낮아졌고 실업률은 7.3%로 늘었다. 또 휴학하는 청년도 늘었다. 졸업·중퇴자의 비중은 48%로 지난해 같은 달(48.6%)보다 낮아졌고 휴학생 비중은 6.6%로 작년 동월보다 높아졌다. 청년층 대졸자(3년제 이하 포함)의 43%가 재학 중 휴학한 경험이 있었으며 이 비중은 작년 동월보다 3.3%포인트 상승했다.

휴학은 병역의무 이행, 취업 및 자격시험 준비, 어학연수 및 인턴 등 취업과 관련된 사유였다. 졸업·중퇴자 가운데 취업경험이 있는 비중은 88.7%로 작년 동월보다 감소했다. 이밖에 졸업·중퇴 후 첫 일자리에 진입한 임금근로자가 첫 취업까지 걸리는 기간이 '3개월 미만'인 경우는 52.4%로 약간 감소한 반면, 3년 이상인 경우는 9%로 증가했다.

또 첫 취업 평균 소요 기간은 11개월로 지난해 같은 달보다 1개월 늘어 일자리 얻기가 쉽지 않아졌음을 보여줬다. 아울러 처음으로 잡은 일자리 가운데 단기(1년 이하) 계약직의 비중은 20.2%로 지난달보다 늘었다. 첫 일자리를 그만둔 사유는 근로여건 불만족, 개인·가족적 이유, 불투명한 전망이 지배적이었다. 청년층의 비경제활동인구 가운데 취업시험 준비자는 58만8천명으로 4만8천명(8.9%) 증가했다.

주당 근로시간이 18시간 이하인 초단시간 파트타임 형 취업자가 17년 연속 증가하며 지난해 처음 100만 명을 넘어섰다. 이들의 하루 평균 근로시간은 길어야 200분인데 이런 초단시간 근로자는 글로벌 경제위기를 겪는 2년 사이에 20만 명이상 늘어났다[파이낸셜뉴스, 2011.1.19, 통계청].

단시간 취업자 급증은 일자리의 질이 나빠진 것과 일과 가정이 양립하는 정책을 추진한 영향도 있는 것으로 보인다. 2010년 주당 취업시간이 1~17시간인 취업자 숫자는 105만6000명으로 전년보다 9.7%(9만3000명) 늘었다. 이로써 **주당 18시간미만 취업자는 1994년 이래 17년째 증가했다.** 주5일 근무할 경우 이들의 하루 평균 근로시간은 최대 3시간20분가량이다.

연도별 추이를 보면 1980년에 8만1000명에 불과하던 것이 1985년(11만2000명)에 10만명 선을, 1989년(21만4000명)에 20만명 선을, 1999년(57만2000명)에 50만명 선을 각각 넘어섰고 2007~2009년에 각각 83만5000명, 85만명, 96만3000명 등으로 늘었다. 전체 취업자에서 18시간미만이 차지하는 비중은 4.4%로 높아졌다.

18~26시간 취업자는 121만7000명으로 전년보다 7.6%, 27~35시간 취업자는 13만4000명으로 32.2%가 각각 증가했다. 27~35시간 취업자가 급증한 것은 작년 2월 설 연휴 일부가 조사기간에 낀 데 따른 영향이 컸다. 이에 따라 하루 평균 근로시간이 최대 5시간인 1~26시간 취업자는 227만3000명으로 8.5% 늘었으며 전체 취업자에서 차지하는 비중은 역대 최고 수준인 9.54%로 높아졌다. 취업자 10명 중 1명은 하루 평균 일하는 시간이 5시간도 안 되는 셈이다.

범위를 더 넓혀 36시간미만 취업자를 보면 361만7000명으로 16.3% 늘었다. 반면 36시간 이상은 1983만9000명으로 1% 줄었고 이 중에서도 54시간 이상은 650만4000명으로 3.5% 감소하면서 9년 연속 감소했다.

단시간 근로의 급증이 복합적인 원인에 따른 것으로 보고 있다. 우선 18시간미만 취업자가 경제위기 때 급증한 경향을 주목하는 시각이 있다. 외환위기 때는 1997년 33만9000명에서 1999년 57만2000명으로 2년 만에 23만3000명(69%)이, 카드사태 때는 2003년 64만8000명에서 2004년 73만3000명으로 1년 새 8만5000명(13%)이 각각 증가했다.

이번 금융위기를 맞아서는 2008년 85만명에서 2010년 105만6000명으로 2년 만에 20만6000명(24%) 늘었다. 이 때문에 전체 취업자에서 18시간미만이 차지하는 비중도 1990년대 초반 1%대이던 것이 1998년 2%대로, 2004년 3%대로, 2009년 4%대로 각각 올라섰다.

그러나 일자리의 질이 나빠졌다고 보기는 힘들다는 분석도 많다. 지난해 임시직과 일용직은 각각 0.7%, 7.5% 감소한 반면 상용직은 7.4% 증가했기 때문이다. 특히 18시간 미만과 36시간 미만 취업자 중에서 추가 취업희망자는 지난해 각각13만7000명, 41만9000명으로 전년 대비 12.4%, 17.8%가 줄었다.

36시간미만 취업자중 추가 취업희망자 규모는 2003년 이후 가장 적었다. 단시간 취업자 가운데 추가취업희망자가 줄었다는 것은 자발적 단시간 근로가 늘었다는 것으로 해석될 수 있다. 이는 재정 일자리의 영향이 있는 것 같고 일과 가정이 양립할 수 있도록 단시간 근로를 장려하는 정부 정책의 영향도 있다고 본다.

실업과 고용의 증감은 공장밀집 지역에서 민감하게 변동한다. 2010년 12월 전국 실업자의 절반가량이 서울, 경기도에서 발생했다. 실업률은 인천시가 가장 높고 강원도의 경제활동참가율과 고용률은 전국 최저다. 전국 실업자는 85만3천명으로 서울 22만4천명, 경기(20만5천명), 인천(8만명), 부산(5만5천명), 대구(4만9천명), 제주도(5천명)순이다. 서울, 경기도의 실업자는 42만9천명으로 전국 실업자에 절반에 달한다. 실업자 2명 중 1명은 이들 지역에서 나온 셈이다. 이와 같이 **극심한 실업과 고용 변화는 제조업과 서비스업이 서울과 경기도 지역에 집중된 탓이며 경기변동에 따라 예민하게 발생한다**[연합뉴스, 2011.1.16, 기획재정부, 통계청].

한국인의 1인당 연평균 근로시간은 연간 평균 2255시간(2008년 기준)으로 경제협력개발기구(OECD) 회원국 중 가장 길다. 한국 근로자들은 OECD 회원국의 근로자들이 일하는 연간 평균인 1766시간보다 31.7%나 더 많이 노동한다.

한국(2255시간), 그리스(2116시간), 러시아(1997시간), 체코(1992시간), 헝가리(1986시간), 폴란드(1969시간) 등의 국가들은 연간 근무시간이 1900시간 이상으로 매우 높다. 반면 네덜란드(1389시간) 노르웨이(1422시간), 독일(1429시간), 룩셈부르크(1555시간), 프랑스(1559시간), 벨기에(1568시간), 덴마크(1569시간)는 우리보다 현저하게 적다.

한국인들이 일하는 시간은 이집트 사람(2천373시간) 못지않게 연평균 2천312시간 일을 한다[서울 사람 기준, 스위스 UBS은행, 더 타임스, 연합뉴스, 2009.9.20]. 아시아 사람들은 중동 사람들(2천63시간)보다 많은 평균 2천119시간 일한다. 한국인들은 프랑스 사람들 1천582시간(리용), 1천594시간(파리)보다 무려 730시간(약 1개월)더 일한다.

39. 한국의 최저임금 수준과 청년 실업

한국의 최저임금 수준은 세계 각국의 최저 임금 Minimum wage 수준(시간당, 월 또는 일 당 최저 임금)과 비교하면 매우 낮다.

오스트리아; 비공식 연 최저임금 12,000~14,000 유로 / 벨기에; 월 1,472~1,512 유로(21살 이상) / 덴마크; 시간 당 103.15크로네(2009년) / 프랑스; 시간당 9.40유로, 월1,425.67유로(월 151.67시간 노동 기준) / 핀란드; 집단계약에 의해 최저임금 설정 / 독일; 집단계약에 의해 최저임금 설정 / 그리스; 월 586 유로 / 이탈리아; 집단계약에 의해 최저임금 설정 / 홍콩; 시간당 28 달러, 월 3,580 달러 / 한국; 시간 당 4,860원 / 타이완; 월 18,780달러 시간당 103달러 / 네덜란드; 월 1,446.60유로, 주당 333.85유로, 일당 66.77유로 / 뉴질랜드; 시간당 13.50달러 / 영국; 시간당 6.19 파운드(21살 이상), 4.98파운드(18-20살) / 미국; 최저임금 시간당 7.25 달러

서울시의 경우 2013년 하반기 아르바이트 평균시급이 상반기보다 110원 상승한 5천653원이다[10]. 자치구별 시급은 강남구(5천997원), 동대문구(5천910원), 종로구(5천830원) 등이 높았고 도봉구(5천316원), 중랑구(5천513원), 노원구(5천515원) 등은 평균을 밑돌았다. 업종별 시급은 영업 · 마케팅(7천792원)과 고객 상담(7천76원) 분야가 7천원을 넘겨 높은 편이었고 편의점(5천215원), 베이커리(5천162원), 커피전문점(5천217원), 피시방(5천243원) 등은 올해 최저임금(5천210원)과 비슷한 수준에 머물렀다[서울 = 연합뉴스 하채림 기자, 2014.2.5].

한국경제가 겪고 있는 가장 심각한 것은 청년층의 노동시장 진입이 늦어지고 경제활동 참가율도 사상 최저치로 떨어지는 등 청년 일자리 문제이다. 청년실업이 줄지 않고 오히려 악화되는 원인은 무엇인가? **첫 번째 요인은 한국경제가 과거와 같이 높은 성장을 하지 못하고 장기간 저성장궤도를 달린 탓이다.** 성장률 둔화에 따른 좋은 일자리 감소가 지속된 것이다[세종 = 연합뉴스, 유경수 박용주 이지헌 차지연 기자, 2014.1.19].

둘째로, 지나치게 높은 대학 진학률과 고학력 구직자의 업종 편애 현상이 극심하다는 점이다. 이 같은 현상은 한국의 사회 환경이 부채질하고 있다. 대학을 가야 결혼도 취업도 잘되고 높은 소득을

---

10) 서울시가 아르바이트 정보 웹사이트 알바천국에 작년 7~12월에 등록된 97개 업종의 채용공고 43만6천151건을 분석한 것이다.

받을 수 있다는 통념이 지배하고 있고 현실사회가 그렇게 움직이고 있는 것이다.

셋째로, 여전히 높은 비정규직 일자리 비중 등 청년 고용시장이 급속도로 변화하고 있는 점이다. 소위 자유경쟁시장 운동이 광범위하게 확산되면서 고용의 탄력성과 신축성을 요구하고 있는 반면 한국사회복그물망은 이 같은 추세를 따라가지 못하고 있다.

넷째로, 구직자와 기업 간 상호 기대 불일치가 효율적인 취업 제고를 향상시키지 못하고 있다. 제도적 장치와 정부의 노력이 빗나가고 있는 것이다.

다섯째로, 한국기업들이 고급 노동력을 제공하는 창의적인 혁신능력 면에서 선진국의 기업에 비해 크게 뒤지고 있다는 사실이다. 종합기술을 발전시키지 못하는 한국경제의 구조적인 요인이 복합적으로 작용한 결과다.

현재 한국경제는 20대 경제활동참가가 최저이고 20~24세는 더 심각한 상황이다. 지금 한국은 왕성하게 일할 수 있는 나이인 20대의 비중이 역대 최저치를 기록하고 있다. 20~29세 청년층의 경제활동참가율은 10년 전인 2004년 66.3%로 정점을 찍은 뒤 줄곧 하락해 작년 61.6%까지 하락했다.

2004년에는 707만명 가운데 469만명이 직업 전선에 뛰어들었지만 2013년에는 628만5천 명 중 387만4천명이 일을 하고 있다. 9년 만에 82만 명이 감소해 매년 10만명 가량이 줄어든 것이다. 대조적으로 학업이나 가사, 심신장애 등으로 일을 할 수 있지만 일할 의사가 없거나 능력이 안 되는 비경제활동 청년인구 비율은 33.68%에서 38.36%로 증가했다[통계청 고용동향 자료].

청년층 경제활동인구 축소는 특히 20대 초반에서 두드러진다. 20~24세의 경제활동인구는 같은 기간 58.3%에서 47.6%로 떨어졌다. 10년 전만해도 20대 초반대중 일하는 청년이 10명중 6명이었으나 지금은 5명도 채 안 된다.

반면에 25~29세의 경제활동 참가율은 10년 새 73.3%에서 74.1%로, 고용률은 68.5%에서 74.1%로 높아졌다. 실업률 추이는 비슷했다. 20~29세 실업률은 7.9%로 10년 전과 변함이 없었다. 연령대별로는 20~24세 실업률은 9.9%에서 9.2%로 낮아졌다. 비경제활동인구 비율이 높아졌기 때문이다. 반면에 25~29세는 6.5%에서 7.1%로 높아졌다.

높은 성장가도를 달렸던 과거보다 전반적으로 대학 진학률이 높아지고 군복무도 마쳐야 하는 청년층의 노동시장 진입 시기가 늦춰지면서 경제활동에 참가하는 층이 줄어들고 있다. 실제로 2007년과

2013년 경제활동인구 청년층 조사 결과를 보면 대학생의 졸업 소요기간은 3년 10개월에서 4년 1개월로 3개월 늘었고 휴학 경험자도 전체 대학생의 36.3%에서 42.9%로 높아졌다. 결국 청년층 고용문제는 경제성장률 둔화와 산업고도화로 일자리 증가가 미미한 탓도 있지만 대학진학률이 올라가면서 좋은 일자리에 대한 과잉수요도 원인인 셈이다.

한국경제는 대학진학률이 80% 가까이로, 한해 대졸자가 50만 명씩 나오고 군복무도 2년6개월 보내야 하는 특수한 사회구조를 안고 있다. 대학진학률이 지나치게 높고, 대학 교육내용의 질도 국제경쟁력을 갖추지 못할 정도로 떨어지고 있어 국내외 고용시장수요와 일치하지 않고 있다. 청년 고용시장에서는 직장을 구하는 수요층과 일자리 질의 격차가 크다.

이는 첫 일자리의 평균 근속기간이 2005년 1년9개월에서 지난해 1년7개월로 단축됐다는 점에서 확인할 수 있다. 첫 일자리를 그만둔 경우도 1년5개월에서 1년3개월로 짧아졌다. 이직 경험자들은 근로여건 불만족(45.1%), 개인 · 가족적 이유(18.7%) 등이 대부분이다. 20대 비정규직 근로자가 103만1천명에 달하는 점이 근로여건 불만족과 직결되는 것으로 보인다.

공무원, 공기업 등 안정적인 직장에 대한 선호는 꾸준히 증가해 전체 취업시험 준비자의 절반 가까이가 여기에 몰려 있다. 2013년 기준 15~29세 청년층 비경제활동인구(541만7천명)중 취업시험 준비자는 11.3%(61만4천명)인데 공무원, 교원, 공영기업체, 언론사 등을 준비하는 비중이 45.4%에 이른다. 2011년 40.1%에서 5%포인트 높아졌다.

청년들과 기업의 눈높이가 맞지 않는 게 가장 문제며 모든 사람이 일류대를 가고 싶어도 못 가는 것 아니냐. 일류대가 안 되면 재수, 삼수를 하겠다는 풍토이다. 이게 최선의 방법은 아니지만 현실이 이를 바꾸어주지 못하고 있다.

노동의 공급측면에서는 대졸 청년층 및 여성의 양적인 증가와 함께 대졸 인력의 질적 수준이 저하하면서 채용시장이 '신입' 중심에서 '경력직'으로 바뀌고 있는 것도 고용시장의 바뀐 모습이다.

최근 고용시장을 보면 신입보다는 경력직 채용을 희망하는 기업들이 많아지는 현실이고 신입직원 채용에 따른 고용 위험을 피하려는 경향이 두드러지고 있다. 이 때문에 기업이 요구하는 직업교육을 미리 받으려는 움직임도 확산된다. 작년 청년층 인구 중 직업교육 경험자 비율은 14.2%(140만2천명)이나 된다.

지금처럼 잠재성장률(4%)을 밑돌고 고용시장의 패러다임이 바뀌는 경제 환경에서는 정부 노력만으로 청년 일자리 문제를 해소할 수 없다. 꾸준한 경기활성화 노력과 학생 때부터의 체계적인 직업교육, 기업과 개인의 채용 미스매치 해소 대책 등 다양한 접근법이 복합적으로 추진돼야 한다[세종=연합뉴스, 유경수 박용주 이지헌 차지연 기자, 2014.1.19].

한국의 니트족(NEET)[11]들은 경기에 민감하게 움직였다. 이에 비해 실업자는 능동적으로 구직하는 사람으로 니트족보다 적극적이다. 최근 조사에 의하면 니트족 수는 경제성장률(GDP)이 높아질수록 감소하였다. 경제성장과 니트족 수는 반비례 함수관계를 가진 것이다. 하지만 성별·연령별로 경기 변동에 따라 받는 영향은 달랐다. 남성이 여성에 비해, 20대보다는 30대가 경기 변동에 민감하게 반응했다.

여성은 30대에 접어들면 현실적으로 취업에 제약이 있기 때문에 적극적으로 구직하는 데 반해 남성은 보다 시간적 여유를 갖고 일자리를 찾는 것으로 보인다[매일경제, 2012.2.22./2012 경제학 공동학술대회/오호영 한국직업능력개발원 연구위원; 경기 변동과 유휴청년층 규모 변동].

11) 니트족이란 'Not in Education, Employment or Training'의 준말로 일하지 않고 일할 의지도 없는 청년 무직자들이다.

한국경제의 생산력과 노동력을 지탱하는 핵심세력인 20~40대 세대가 미래의 불안그룹으로 자리 잡고 있다. 2040세대는 1997년 외환위기 이후 심화된 경제난과 경제양극화 속에서 취업 실패 등의 경제적 좌절을 경험했으며 2011년 현재도 경제적 기반이 취약한 상태다. **비정규직 근로자 약 600만 명(2014년 8월 기준) 중 2040세대가 61%나 차지한다. 2040세대는 경제적 및 사회적 기반이 취약하고 미래에 대한 불안감을 형성하는 세대를 이루고 있다**[보험연구원/경향신문, 2011.11.13].

한국의 임금수준은 세계 각국의 평균 임금과 비교할 때 스웨덴, 덴마크, 일본, 오스트리아 보다 높지만 삶의 질과 생활환경에서는 크게 뒤진다.

한국의 최저임금 수준은 세계 각국의 최저 임금 Minimum wage 수준(시간당, 월 또는 일 당 최저 임금 기준)과 비교하면 매우 낮다; 오스트리아; 비공식 연 최저임금 12,000~14,000 유로 / 벨기에; 월 1,472~1,512 유로(21살 이상) / 덴마크; 시간 당 103.15크로네(2009년) / 프랑스; 시간당 9.40유로, 월1,425.67유로(월 151.67시간 노동 기준) / 핀란드; 집단계약에 의해 최저임금 설정 / 독일; 집단계약에 의해 최저임금 설정 / 그리스; 월 586 유로 / 이탈리아; 집단계약에 의해 최저임금 설정 / 홍콩; 시간당 28 달러, 월 3,580 달러 / 한국; 시간 당 4,860원 / 타이완; 월 18,780달러 시간당 103달러 / 네덜란드; 월 1,446.60유로, 주당 333.85유로, 일당 66.77유로 / 뉴질랜드; 시간당 13.50달러 / 영국; 시간당 6.19 파운드(21살 이상), 4.98파운드(18-20살) / 미국; 최저임금 시간당 7.25 달러이다.

그렇다면 청년 고용 문제를 해결하는 대안은 없는 것인가? 단기적으로 경기회복이 우선이고 장기적으로 안정적인 성장을 계속 유지하는 것이다. 경기활성화를 꾀하면서 단기적인 대책보다 교육개혁, 일자리 의식 전환, 경제구조개혁, 기술혁신, 균형지역개발 등 근본적인 치유책을 마련하는 것이다.

40. 노년층과 청년층의 소득수준과 소득세차이

소득이 증가하고 생활환경이 개선되면서 고령화가 급속한 속도로 진행됐지만 다른 한편으로는 노년빈곤층이 크게 증가하였다. 소득원이 취약한 노인들은 일거리를 찾아 나서고 있다.

근로소득세 내는 30세 미만 청년층보다 60세 이상 노년층이 더 많다. 최근 3년 사이 근로소득세를 부담하는 60대 이상 회사원이 두 배 이상 증가했지만 30세 미만 회사원은 19만 명이나 감소한 탓이다.

2010년 귀속분을 기준으로 근로소득세를 부담한 60세 이상 근로자는 44만3천명으로 40만명대를 처음 넘어섰다. 이들이 부담한 연간 근로소득세는 1조960억원으로 1인당 297만원을 냈다. 2007년 60세 이상 근로소득세 부담자가 19만7천명, 이들이 낸 세금이 6천468억원인 점을 고려하면 3년 사이 인원은 124.9%, 세액은 73.6% 증가했다.

작년 30세 미만 근로자 366만5천명 가운데 세금을 낸 청년층은 189만5천명이다. 1인당 연간 40만원의 근로소득세를 내 총액은 7천854억원이다. 60세 이상 노년층 부담분의 71.6% 수준이다. 그러나 3년 전인 2007년만 해도 30세 미만 근로자의 세 부담액이 더 많았다.

2007년 근로소득세를 낸 청년층은 208만5천명으로 9천290억원의 세금을 냈다. 이 같은 현상은 정년퇴직 후에 다른 회사로 재취업하거나 재입사하는 노년층은 많아진 반면 급여수준이 높은 청년층의 정규직 일자리는 감소한 것이 주된 요인으로 본다.

근로소득세를 내는 30대는 숫자의 증가에도 부담세액은 줄었다. **30세 이상 40대 미만 근로자 가운데 근로소득세를 낸 근로자는 2007년 263만3천명에서 2010년300만9천명으로 늘었다.** 총부담세액은 3조7천404억원에서 3조4천63억원으로 감소했다. 각종 공제혜택이 확대됐기 때문이다.

근로소득세 부담액은 40대 이상~60세 미만이 가장 많았다. 40대 241만6천명이 5조7천409억원, 50대 145만7천명이 4조5천544억원을 냈다. 이들은 전체 근로소득세액(15조5천829억원)의 66%를 책임진 셈이다.

1인당 세액은 50대 374만원, 60대 297만원, 40대 238만원, 30대 113만원, 30대 미만 40만원 순이다. 2010년 귀속분을 기준으로 근로소득세를 내지 않은 과세 미달자를 연령대별로 보면 30세 미만 176만6천명, 30~40세 미만 157만9천명, 40~50세 미만 80만8천명, 60세 이상 43만7천명이다[서울=연합뉴스 유경수 기자, 2012.11.01./국세청 집계'2007~2010년 귀속 근로소득세 연령별 현황].

2011년 5월 현재 55~79세 이상인 고령층의 취업자 수는 505만2천명으로 작년 같은 달보다 27만2천명 증가했다. 고령층의 고용률은 50.8%로 작년 동월 대비 0.4%포인트 상승했다. 특히 일자리에서 은퇴할 나이인 65~79세의 고용률도 35.7%에 달했다.

고령자들은 자신들이 '가장 오래 근무한 일자리'에서 떠난 연령이 평균 만 53세였다. 연령대별로 50대에 관둔 이가 43%, 60대가 24%였다. 고령자들은 은퇴 후에도 직업 전선에 다시 뛰어들었다. 55~79세 고령층 가운데 가장 오래 근무한 일자리를 그만둔 적이 있는 이들이 676만3천명에 달하는데, 5월 현재 비경제활동인구는 478만5천명이다.

만약 오랫동안 몸담은 직장을 떠난 뒤 완전히 은퇴했다면 676만3천명이 비경제활동인구로 잡혀야 하지만, 비경제활동인구가 200만명 적다는 것은 이 정도의 고령자가 다시 취업했거나 일자리를 구하고 있다는 뜻이다.

실제 현재 취업자의 20.1%(101만4천명)가 지난 1년간 일자리를 구하러 다닌 적이 있고, 미취업자(비경활인구+실업자) 11.1%(54만 6천명)도 역시 지난 1년간 구직 경험이 있는 것으로 나타나 고령자가 계속 구직활동을 하는 것으로 나타났다.

또 **전체 고령자는** 절반 이상이 장래 일하기를 원하는데 그 이유는 생활비에 보탬이 되고, 일하는 즐거움에서 찾고 있었다. 이들이 원하는 **임금 수준은 대개 월평균 50만원 이상~150만원 미만 사이에 있다.**

취업 고령자들은 사업 · 개인 · 공공서비스업, 농림어업, 도소매 · 음식숙박업이 주로 차지하였다. **고령 취업자들의 직업은 대개 기능 · 기계조작 · 단순노무종사자, 농림어업숙련종사자였다.**[12] 고령층의 47.2%가 지난 1년간 연금을 받은 적이 있고, 이들의 월평균 연금수령액은 36만원인 것으로 조사됐다. 연금수령자의 83.8%가 50만원 미만을 받고 있다.

12) 유럽선진국에서는 50대 후반 고령자들이 박물관, 미술관, 극장, 호텔, 관광안내원 등 서비스 분야에서 많이 일하는 것을 볼 수 있다.

41. 작지만 강한 국가들간 경쟁력 비교

스위스, 벨기에, 네덜란드, 룩셈부르크, 오스트리아, 싱가포르, 타이완등의 나라들은 땅덩어리가 작고 인구가 적은 소국이지만 높은 국가 경쟁력과 세계적인 기업들 및 높은 기술 능력과 교육수준을 가진 나라들이다.

이들은 모두 강대국들에 둘려 싸여 있고 인접국들에 비하면 상대적으로 매우 적다. **특히 서유럽 소국들은 적은 면적이면서도 지역주의적인 연고주의가 없고 또한 인접의 대국들과 같이 지방자치가 고도로 발달된 여러 지방(여러 주)이 합친 연방 국가이다.**

또한 이들 서유럽의 강소대국들은 한국처럼 깊은 문화와 역사를 가지고 있고 GDP규모는 한국보다 작지만 1인당 소득수준이 상대적으로 매우 높으며 세계적인 민간기업들을 많이 보유하고 있다는 점이다. 특히 정치적으로 볼 때 스위스, 벨기에, 네덜란드, 룩셈부르크, 오스트리아는 1인 대통령 중심의 절대 권력을 휘두르는 정치시스템이 아니지만 고도의 정치적 안정을 누리고 있다.

특히, 스위스와 오스트리아는 지리적으로 한국처럼 산악국가 이지만 정치적으로 영세중립국을 표방하고 다양한 국제기관과 국제기구를 유치했으며 **무상보육과 무상교육(유치원에서 대학까지 무상이나 다름없음)과 최고의 복지수준을 감당하고 있어 어린 나이 때부터 기회균등을 실현하고 있다.**[13] 이들 국가에선 가난의 상속이 이어질 수 없는 기회평등의 나라이다.

국민들의 생활수준이 거의 평준화돼 있다. 교육은 한국의 교육과는 비교할 수 없을 만큼 창의적이고 교육은 매우 높은 질적 수준을 유지하고 있다.

한국인들은 지난 50여 년 동안 1인 대통령 중심의 권력체제를 가진 군부체제(1961~1993년까지 32년이라는 일제지배기와 맞먹는 기간)와 1인 대통령 중심 정치체제를 경험하였다. 우리나라의 정치는 불행하게도 경제 등 모든 분야에 부정적인 요소들이 깊숙이 뿌리박고 있다.

---

13) 유럽국가에서는 보육원에서 대학까지 무상공교육이 시행되고 있다.

다음은 우리와 비슷한 소국들을 아래에 간략하게 소개하고 있다. 한국은 반도국가로서 작지만 그렇다고 땅 덩어리와 인구가 싱가포르, 대만, 벨기에 스위스 등과 같이 결코 작은 나라가 아니며 초강대국에 둘러 쌓여 있다는 이유만으로 불행한 여건이 될 수 없다.

강소대국(强小 大國)들의 국제비교(國際比較)

국가	면적	총인구	인구밀도	GDP	1인당 소득
-	㎢	10000명	명	십억 US$	US$
스위스	41,285	787	191	500	54,936
벨기에	30,528	108	355	466	42,630
네덜란드	41,528	167	402	783	47,172
룩셈부르크	2,586	51	194	54	108,831
오스트리아	83,878	844	100	276	44,387
싱가포르	712	500	7,126	177	37,293
타이완	31,179	2,313	639	393	17,040
한국	99,392	5,000	489	986	20,165

자료; Wikipedia, 수치에서는 비교년도가 부분적으로 다름.
대국들의 국토면적(단위; ㎢); 러시아 1709만㎢ 캐나다 998만㎢ 미국 959만㎢ 중국 851만㎢ 일본 33만8천㎢ 북한 12만㎢ 한국 9만9천㎢ [자료: 미국 중앙정보국(CIA) 월드 팩트 북 통계, 연합뉴스, 2010.5.17.]

강소대국(强小 大國)의 세계적 기업들과 국별 특징

국가	세계적인 최고의 기업체	국별 특징
스위스	ABB(자동화기기), Nestlé(식품), UBS(금융업), CS(금융업),Swiss Re(재보험), Novartis(제약, 의료), Swatch Group(시계), Schindler-Group(엘레베이터), Swiss Life Group(보험업) 등 매우 많음	다양한 다수 국제기구 존재, 연금, 의료보험, 산재보험, 실업보험, 무상 공교육제도 완전 구비, 최고의 자연환경 유지 관리와 자연 및 문화 관광 제공
벨기에	Anheuser-Busch InBev(주류업), Sabena(항공사), Delhaize Group(식품업, 임	세계적인 최신 항만 및 운하 시설 구비, 연금, 의료보험, 산재보험, 실업보

	직원 17,000명), Dexia(금융업, 임직원 36,500)	험, 무상 공교육제도 완전 구비, 최고의 자연환경 유지 관리와 자연 및 문화 관광 제공 구비, 최고의 자연환경 유지 관리와 자연 및 문화 관광 제공
네덜란드	Schlumberger(원유 채굴), Unilever(소비재), ING(종합금융), Lego (장난감)	세계적인 최신 항만 운하 시설 구비, 연금, 의료보험, 산재보험, 실업보험, 무상 공교육제도 완전 구비, 최고의 자연환경 유지 관리와 자연 및 문화 관광 제공
룩셈부르크	ArcelorMittal(철강),세금 없는 세계적인 금융허브, 3500개의 투자펀드, 정보통신기업 발달, 특히 Amazon, eBay, iTunes, PayPal, Skype, AOL 등 세계적 다국적 기업 유치 활동	세계적인 최신 항만 및 운하 시설 구비, 연금, 의료보험, 산재보험, 실업보험, 무상 공교육제도 완전 구비, 최고의 자연환경 유지 관리와 자연 및 문화 관광 제공 구비, 최고의 자연환경 유지 관리와 자연 및 문화 관광 제공
오스트리아	농업국가지만 관광산업과 전 국토균형개발, 고른 도시발전, 중소기업 중심 경제지배, 금융 산업의 동구권 진출 시장 확고히 확보	다양한 다수 국제기구 존재, 연금, 의료보험, 산재보험, 실업보험, 무상 공교육제도 완전 구비, 최고의 자연환경 유지 관리와 자연 및 문화 관광 제공
싱가포르	세계적인 금융경쟁력과 동서 관광지의 교두보로서 높은 기업 및 국가 경쟁력을 발휘	과거 일본, 영국, 미국 등의 식민지 경험한 국가, 부정부패 없고 질서정연한 청결한 국가
타이완	동서 관광지의 교두보로서 강력한 중소기업 지배의 국민경제적 국제경쟁력을 발휘	과거 일본, 영국, 미국 등의 식민지 경험한 국가, 한국과 같은 유교지배국가
한국	삼성 등 소수 대기업이 세계시장에서 발돋움하고 있지만 전부 가계혈족 중심 경영의 재벌계열사 중의 하나에 속한 것 등의 후진성 특징	과거 일본의 식민지, 미국의 지배를 경험한 국가, GDP규모는 세계 순위 13~15위권이지만 복지, 교육 등은 저개발국가 수준, 도시 난개발, 동일한 상자 갑 아파트단지 전국적으로 소재, 도로 중심 집중개발

자료; 세계적인 기업들 선발의 필자 작성.

42. 한국의 농업과 농촌

한국의 경지면적은 공업화와 도시화 등의 진행으로 농업이 쇠퇴를 하면서 1999년 1,899천ha에서 2009년 1,737천ha로 계속 감소하고 있다. 논 면적은 2009년 1,010천ha로 1988년 이후 꾸준히 감소하였다. 밭 면적도 727천ha로 계속 감소하였지만 2008년 이후 증가세를 유지하고 있다. 농가 가구당 경지면적은 농가 인구의 감소로 1985년 1.11ha에서 2009년은 1.45ha로 증가했다[한국 통계청].

한국의 재배면적은 1971년부터 2009년(38년)사이 22.3%나 줄었지만, 쌀 생산량은 오히려 23.0% 증가하였다. 2009년 쌀 생산량은 4,916천 톤으로 1971년 3,998천 톤과 비교해 918천 톤이 늘어나 23.0% 증가하였다. 쌀 생산량의 지속적 증가는 품종개량과 농업의 기계화, 적절한 비료 사용 등으로 생산성이 크게 향상된데 기인한다. 반면 2009년 맥류 생산량은 167천 톤으로 1971년 1,715천 톤과 비교해 1,547톤이 줄어 90.2%나 감소했다[한국 통계청].

한국의 농업 인구는 꾸준히 줄어든 반면 농기계 활용도는 지속적으로 증가해 벼농사 기계화율은 2009년 90.5%였으며, 밭농사 기계화율도 45.5%로 2000년 이후 45~47% 수준이다[한국 통계청]. **그러나 기계화가 높아지고 있음에도 불구하고 농가의 소득 증가에는 크기 기여하지 못하고 있다.**

쌀자급률은 지난 1981년 극심한 냉해로 66.2%를 기록한 이래로 1991년 102.3%, 2001년 102.7%로 안정적인 수준을 유지해 왔지만 지난해는 83.0%로 30년 만에 최저치를 기록했다. 2011년 양곡연도의 쌀 자급률 하락은 재배면적의 감소와 함께 태풍 곤파스의 영향으로 수확량이 줄었기 때문이다.[14]

실제로 지난 2011 양곡연도의 쌀 생산량은 430만톤으로 전년(492만톤)에 비해 62만톤 줄었지만, 쌀 수요량은 같은 기간 동안 47만톤이 증가했기 때문에 쌀 자급률은 감소하는 것이다[농협경제연구소/서울=뉴시스, 박기주 기자, 2012.9.17./농림수산식품부 잠정집계].

우리나라의 쌀 자급률은 2009년 101.1%, 2010년 104.5% 올랐다가 2011년 83.1%로 크게 떨어졌고 2012년 86.6%, 2013년 89.2% 2014년 92%까지 오를 것으로 관측한다. 쌀 자급률 산정 시 대북지

14) 쌀 자급률은 생산량/국내수요량의 식에서 생산량은 감소하고 수요량이 증가하면 자급률이 하락한다.

원용은 제외된다. 국내 쌀 소비량의 8~9%가 5%의 저관세율이 부과되는 의무수입물량으로 충당되기 때문에, 쌀 자급률이 100%면 쌀 과잉으로 오히려 독이 된다. 농식품부는 이 때문에 2014년 쌀 자급률을 91~92% 정도로 유지하려고 안간힘이다.

사료를 제외한 곡물의 자급률, 즉 식량자급률은 지난해 47.2%로 경제협력개발기구(OECD) 회원국 중 최하위 수준이다. 밀(0.5%), 옥수수(1.0%), 콩(9.7%) 등의 자급률이 낮아서다. 추세가 나빠진다는 점은 더 큰 문제다.

1991년 64.1%이던 것이 2012년 45.0%까지 곤두박질쳤다. 이 같은 상황이 계속되면 안정적인 식량수급이 곡물 메이저 등에 의해 크게 위협받을 수 있다. 정부는 2010년에 2015년의 식량자급률 목표치를 57.0%로 제시했다. 그러나 현재 추이로 볼 때 2015년 목표치 달성에는 어려움이 있을 것으로 보고 있다.

한국의 농림수산식품 수출액은 1980년 19억 달러에서 2009년 27억 달러가 늘어난 46억 달러로 29년 동안 146.4% 증가하였다. 반면 수입액은 같은 기간 동안 1980년 41억 달러에서 158억 달러가 늘어난 198억 달러로 무려 387.9% 증가했다. 이처럼 우리나라 해외 농림수산식품 의존도는 급격히 늘어났다[한국 통계청].

한국의 농촌 경제는 고령화와 생산원가 부담이 빠른 속도로 늘어나면서 갈수록 활력을 잃고 있다. 이 같은 농촌경제의 황폐화는 농민과 도시 근로자의 소득 격차가 역대 최고로 확대되었다. **2011년 농가 소득은 도시근로자 가구 소득의 59.1%에 불과하다. 이 비중은 역대 최고 기록인 60% 밑으로 떨어진 것이다.**

농가 소득은 1980년대 중반까지 도시근로자 소득을 앞질렀다. 1985년 농가 소득은 도시근로자 가구 소득의 112.8%에 달했으나 이후 내리막길을 걸었다. 1995년 95.7%, 2000년 80.5%, 2005년 78.2%로 떨어지더니 60% 선마저 무너졌다.

소득 격차가 심해진 것은 도시가구 소득은 계속 늘었지만 농가 소득은 제자리걸음을 했기 때문이다. 도농 간의 소득격차는 농촌 인구의 고령화도 한몫했다. 도시근로자 가구 소득은 2005년 3천902만원에서 지난해 5천98만원으로 6년새 31% 늘어났다. 같은 기간 농가 소득은 3천50만원에서 3천15만원으로 되레 감소했다.

농가의 가계 상태는 적자경영 수준으로 주저앉았다. 농가의 소득 대비 가계비(농가경제수지)는 1995년 1.47에서 지난해 1.08까지 하락했다. 농가경제수지가 1을 겨우 넘는다는 것은 적자를 간신히 모면한다는 것을 뜻한다.

농가 경제의 악화는 농산물 가격은 별로 오르지 않은 데 반해 생산원가 부담은 가파르게 늘어난 탓이다. 우리 농가의 대표적인 작물인 쌀의 판매가격(2등품 80kg 기준)은 2000년 15만7천원에서 지난해 16만원으로 10여 년 동안 거의 변함이 없다. 같은 기간 요소비료 가격이 5천300원(20kg 기준)에서 1만1천원으로 급등하는 등 농자재 가격은 크게 올랐다. 인건비도 치솟았다.

한국의 농업의 선진화는 농업의 대형화, 기업화도 중요하지만 농가 소득의 증가를 위한 종합적인 대책을 마련하는 것이다. 농가의 소득을 높이기 위해 직거래 확대, 농산물 가공 지원 등 다각적인 대책을 마련하는 것이다. 지역 특성에 맞는 특산품 가공 등으로 농산물의 부가가치를 높이고, 소비자와의 직거래로 이윤을 키워야 한다. 농업소득 이외의 다양한 소득원 개발(관광자원, 지역주민의 문화자원 개발 등)과 함께 생계유지가 힘든 고령 영세농을 위한 사회복지 차원의 소득 보조도 보험제도의 활성화도 필요하다[서울=연합뉴스 안승섭 기자, 2012.9.13./농림수산식품부/농촌경제연구원].

농촌지역끼리의 부의 양극화는 도시지역끼리의 부의 양극화와 함께 보다 더 심각한 양상으로 발전하고 있다. 상위 20%의 농가 소득은 2008년 7천60만원으로 하위 20% 소득(822만원)의 8.6배에 달한다.

이 격차는 2009년 8.9배, 2010년 9.7배에 이어 작년에는 무려 12.3배로 커졌다. 2011년 상위 20%의 소득이 7천462만원까지 늘어났지만 하위 20%의 소득은 609만원으로 쪼그라든게 확대 폭을 키웠다.

상위 20~40%의 소득도 같은 기간 3천451만원에서 3천608만원으로 늘었지만 그 이하 계층은 모두 감소했다. 상위 계층이 부를 독식하는 부의 집중화 현상으로 심화되고 있는 것이다[서울 = 연합뉴스 안승섭 기자, 2012.11.01./국회 농림수산식품위원회 황주홍(민주통합당) 의원 공개 자료].

43. 한국의 주거환경: 과거와 현재

조선왕조 말 한양의 주거 형태는 1899년 7월 기준 총 4만2,876가구로 이 중 초가집이 2만9,831가구(69.6%)였고 반 기와집이 4,893가구(10.2%), 기와집이 8,652가구(20.2%)였다. **서울 지역만 놓고 보더라도 한국의 전통마을은 초기집이 주거 공간으로서 압도적으로 지배하였다. 지방과 시골은 초가집 마을이 대부분이었다.**

한국의 전통적인 마을 형성은 대개 16세기 전후해서 조성된 것으로 추정하고 있다. **당시 마을은 주로 집성촌 중심으로 형성되었다. 주거지와 주거 공간은 풍수지리와 성리학이 큰 영향을 미쳤다.** 성리학의 위계성은 마을에서 형태, 위치 등에 여러 가지 위계적 개념을 낳았다. 위계가 높을수록 마을공간의 뒤에 자리 잡음에 따라 종가는 주거지의 최후 면에 자리 잡고 있었다. 이런 개념은 유럽의 마을 또는 도시 형성에서 찾아 볼 수 없는 한국 전통마을의 모습이다.

서양에는 중심과 주변이라는 위계적인 개념이 있었으며 이 개념의 사상적 뿌리는 신을 세계를 중심으로 중심과 주변을 파악하는 기독교 사상이 자리잡고 있다[한필원; 한국의 전통마을을 가다, 19쪽].

집성촌이 생길 무렵, 우리나라의 읍성 개수는 1530년(중종 25년)에 간행된 **신동국여지승람**에 의하면 **329개 고을이 있었으며 이 중 125개(38%)고을만 읍성이 있었다.** 조선 후기 영조 때 각 읍에서 편찬한 읍지(邑誌)를 모아 책으로 만든 **여지도서**에는 **전국 334개 고을 중 109개(32.6%) 읍성이 있었다.**

한국의 읍성에서 나타난 특이한 점은 양반층이 껄끄러운 상대가 있는 읍성을 벗어난 곳에 거주한 점이다. 읍성을 벗어나 거주하였고 읍성출입도 자제하였다. 이는 모든 읍성에서 공통된 현상이었다 [이중환 택리지].

마을 주거환경은 공업화와 도시화의 진행으로 급속히 변화했다. 1945년 해방이후 70년이 지난 2012년 도시지역 인구비율은 1960년 이후 처음으로 감소했다. 지난해 도시지역 인구비율(도시화율)은 91.04%로 전년(91.12%)대비 0.08%포인트 감소했다. 이 비율이 감소한 것은 1960년 조사 이후 처음이다.

도시지역 인구비율은 1960년(39.2%)부터 2000년(88.35%)까지 급증하다 2005년(90.1%) 이후에는 7년간 1%포인트 늘어나는 데 그치며 증가 추세가 둔화해왔다. 이 같은 현상은 귀농·귀촌 인구가 늘어나고 은퇴 후 전원생활을 즐기려는 노인인구가 증가하면서 지난해 비도시지역 인구가 처음으로 전년보다 1.4% 증가한 데 따른 것이다[세종=연합뉴스, 서미숙 기자, 2013.8.30/국토교통부].

한국은 총인구 절반이상이 서울과 수도권에 몰려 산다. 2011년 말 서울인구는 1052만8774명이다. 이중 65세 이상 고령인구는 104만9425명으로 전체 인구 중 10.0%를 차지했다. 1960년(5만4354명)에 비해 무려 99만5071명(1830.7%)이나 늘었다. 10년 전인 2001년(58만9174명)과 비교해도 46만251명(78.1%)이 늘었다[2012 서울통계연보]. 서울은 빠르게 늙어가고 있다. 서울시민 10명 중 1명이 노인인 반면 50년 전 40%에 육박하던 유소년 인구비중은 10%대로 줄었다.

2011년 말 서울시의 주택보급률은 97.1%며 전체 주택 중 절반 가까운 44.1%가 아파트가 차지한다. 전국적으로 지어지고 있는 아파트 단지들 속에 우후죽순처럼 우뚝 솟은 성냥갑 아파트가 들어서 있다.

도시의 주택 난립은 도시의 생명력을 죽이고 녹색 환경을 죽인다. 우리나라 도시의 주택은 대량화, 가속화가 중시되면서 도시를

목적이 아닌 도구로 삼았다.

살 집 위주의 주택 공급에만 치중하다 보니 도시 전체적인 미적 감각을 상실했다. 아파트 단지 위주의 획일성, 고층화, 폐쇄화는 도시 조직의 파괴를 가져왔다.

정부는 수도권 내 도심지의 주택 공급이 줄어들면서 도시형생활주택을 도입했다. 이 주택은 소규모 땅을 이용해 다가구 형태의 주택을 빨리 지을 수 있다는 게 특징이다. 정부는 주택 부족분을 빠른 시일 내 충당할 수 있고 투자자는 인, 허가에 큰 힘을 들이지 않고 집을 지을 수 있다.

고밀의 도시형생활주택이 들어서면서 주차장 등 그 지역의 기반시설 용량을 터무니 초과하는 상황을 초래했다. **강남지역 도시형생활주택의 3.3㎡당 분양가는 2451만원, 서초구 2365만원, 용산구 2052만 원 등으로 매우 비싸다.** 관악구에 위치한 도시형생활주택은 좁은 골목의 저층 주거지에 지어지면서 불법 주차로 인해 가로환경이 더욱 악화되고 있다.

도시블록은 도시성이 부여된 도시로 도시공간과 주거지역과의 연속성과 조화를 잃었다. 도시 블록은 대규모 단지 중심 개발로 이뤄져 도시공간구조를 반영하지 않았고 일률적으로 주거동이 배치됐다.

중층 · 저층이 어우러진 연속적인 클러스터 배치에도 제한이 있으며 가로로부터의 이격 기준에 따라 가로밀착형 배치에 어려움이 있다. 주거동내 상가배치 제한으로 가로 공간 활성화에 대한 계획적 수단이 미비하다. 공동생활 공간조성을 위한 자유로운 내부중정 계획에 어려움이 있으며 획일화된 평면디자인 관행으로 가로 대응 형 주거시스템 개발이 힘들다.

우리나라의 주택보급률은 1인 가구를 제외한 보통가구 기준으로 2005년 현재 105.9% 수준이나, 1인 가구를 포함한 일반가구 기준으로는 83.2%에 불과하다. 주택보급률(일반가구 기준)은 지역 간 격차가 매우 크다. 가장 낮은 지역인 서울(70.2%)과 가장 높은 지역인 전라남도(100.8%) 간의 격차가 30%포인트에 달한다[매일경제, 2005. 6 10].

한국의 주택 수는 선진국에 비하면 여전히 낮다. 우리나라 인구 1000명당 대비 주택 수는 2005년 말 280채에서 2006년 285채로 소폭 증가했지만 여전히 주택난을 겪고 있다. 특히 서울 경기권의 주택난이 심각했다. 서울은 241.1채, 경기도 264채, 대구 253.4채이다; 미국(429채), 영국((417채), 일본(371채)[2000년 기준, 매일경제, 2007.5.29.]. 주택보급률은 주택의 품질과 환경에 대해서는 전혀 말해 주지 않는다.

한국의 주거환경과 도시개발과 지역개발에서 주목할 점은 도시내 또는 도시외곽에 산업클러스트를 조성한 것이다. 특정 지역에 특정

산업이 집적되면서 생기는 산업 클러스터 지역(industrial district)의 높은 성장을 노린 것이다[15]. 산업집적지역은 기술혁신 등의 창조적 파괴를 통해 급속한 성장과 발전이 동시에 이루어지고 두려워하지 않는 기업가 정신(Entrepreneurship)을 기대했다[죠셉 슘페터]. 산업집적지역 안에서 기업끼리의 강력한 네트워크를 구축함으로서 산업 활동의 효율성이 최대한 발휘되는 것을 기대했다[스웨덴 학자 다멘; 발전구역론 Developmental Block].

그러나 한국의 도시 및 지역개발의 기대효과는 초과하고 부작용만 양산했다. 한국은 1960~1980년대의 공업화 기간 동안 높은 자연인구증가율과 함께 풍부한 노동력이 주요 공급원이었지만 산업화와 함께 도시인구의 집중화와 지역적인 인구편중의 심화는 산지와 임야의 잠식으로 이어져 국토는 크게 훼손되어 갔다. 한국은 지속적인 경제성장과 함께 지역차별적인 개발전략으로 인해 지역 격차와 지역 불균형(regional disparity, regional inequality, spatial imbalance)을 심화시켰다.

지난 65년간의 지속적인 경제성장과 함께 지역 격차의 심화는 소득격차의 확대를 유발하고 지역 주민의 삶의 질은 전반적으로 떨어

---

15) 산업클러스터는 국가경쟁력을 강화하는데 가장 중요한 역할을 한다[미국 경제지리학자 포터; 다이아몬드이론]. 클러스터는 산업지역, 발전구역, 산업 클러스터 등으로 진화 발전해 왔고 국가 및 지역경제 성장 원동력으로서 그 역할 수행하였다.

트렸다. 낙후지역은 계속 낙후되는 악순환을 걸어왔다. 이러한 지역불균형은 65년이 지난 지금 1인당 주민 소득의 차이와 사회 및 생활환경, 복지 등 생활환경의 현저한 질적 격차만 가져왔다.

우리나라 경제는 어느 정도 고도화 단계에 접어들면서 지역개발 격차의 심화는 지역개발정책의 최대 과제로 등장했다. 그 동안 우리나라 경제 안에서 지역 간 불균등한 발전이 이루어지면서 특정 개발지역은 높은 소득과 복지를 누리고 낙후된 후진지역은 낮은 소득과 복지를 누림으로서 지역 양극화가 심각한 상태다. 이처럼 소외된 지역격차는 사회의 갈등을 초래하면서 경제성장의 발목을 잡는다.

우리나라의 지역개발과 국토개발은 주로 수도권과 영남권 중심으로 집중되었다. 개발이 집중된 지역은 공업도시개발, 산업단지, 산업클러스터 등의 형태로 조성하였다. 그 동안 정부가 바뀔 때마다 행정복합도시, 혁신도시, 기업도시, 광역권개발 등이 추진되었지만 이런 정책들은 모두 기존의 개발된 지역 중심으로 집중되는 집적개발방식을 강화하였다.

44. 식민지 시대이후 농업 및 임금 변화와 도시화

일제시대 농업에 종사하는 농업가구 수는 1912년 5,881가구, 농업인구는 3만 1,922명으로 전체 인구의 98%에 차지하였다. 농업가구 및 농업인구는 1970년대 초반까지 지속으로 증가하였지만, 공업화에 가속도가 붙으면서 급속하게 하락하는 추이를 보이고 있다.

일제지배 기간 동안 총 농가 수는 줄어든 반면 소작이하 농가 수는 꾸준히 증가하였다. 총 농가 수는 1935년 3,066천호에서 1942년 3,053천호로 1만3천호로 줄어들었다. 총 농가 수가 전체 가구 수에서 차지하는 비중도 74%에서 63.8%로 감소하였다.

그러나 자작 겸 소작 농가 중에서 자기 소유 경지가 총 영농경지의 5할 미만에 해당하는 소작인 농가는 약 50.7%에 달했다. 당시 소작이하 농가 수는 70% 이상으로 추정되고 있다. 이 사실을 고려하면 일제 지배기간 동안 소작 이하 농가 수는 지속적으로 증가하였다는 것을 의미한다[조선총독부 통계연보, 통계로 본 고양역사, 고양시, 2001, 55쪽].

조선인 노동자의 임금수준은 일본인 노동자에 비해 1/2 정도에 불과했다. 더욱이 조선 노동자의 임금수준과 노동시간은 식민지 수탈의 해가 거듭될수록 더욱 악화되었다[김성수 P.69]. 열악한 노동환경과 저임금 및 장시간 노동을 통해 일제는 조선인 노동자를 착취하였을 뿐만 아니라 노동생산성을 크게 저하시켰다.

1. 성인남자와 성인여자의 일일 임금수준(1930년도 노동자 50명 이상 고용 중규모 이상 공장의 일 평균임금); 일본인 노동자 1원96전 / 1원2전, 조선인 노동자 94전 / 61전
2. 임금지수(1930년 100 기준); 1925년: 85, 1927년: 83, 1929년: 83, 1933년: 55, 1935년: 55
3. 일본인과 조선인의 일일 노동시간(1930년 100 기준); 10시간 미만: 46.7% / 29.5%, 10시간 이상: 43.9% / 58.8%

일제시대 도시는 1920년대 일제의 조선 식량기지화 정책이 본격적으로 착수되면서 농산물 집산지와 미곡 적출항 중심으로 발달했다. 당시까지만 해도 내륙과 연안을 잇는 육상교통수단이 미비하여 전국을 유기적으로 통합할 수 있는 근대적 의미의 도시체계는 이루지 못했다.

일본의 식민지정책으로 개항 후에는 연안 항구도시들의 인구가 급속히 늘었고 내륙 도시들의 인구는 점차 감소하였다. 신흥도시들은 대부분 항구에 입지한 곳 중심으로 발달하였다. 1930~45년 기간 일제는 조선의 병참기지화와 농공병진정책으로 제조업 중심으로 공업이 발달하면서 비약적으로 도시가 발달했다.

근대적 산업화에 기초한 도시의 발달이 본격화되고 도시기반경제가 정착되었다. 도시의 골격이 갖추어진 것이다. 1936년 당시 경성부는 구역 확장으로 면적이 3배나 늘고 인구가 25만이나 증가해 일본 7대 도시의 하나로 발전했다. 경성부는 동양의 정치도시, 문화도시, 수도로서 대도시로 변신한 것이다[중앙일보,2002.11.5, 경성부회 의원 선거에 즈음한 한 입후보자의 선거 관련 문건].

식민지 시대 조선의 지방인구 비중은 비슷한 변화 추이를 보인데 반해 1669~1944년 광역인구 비중은 상당한 차이를 보인 현상은 자료 신빙성으로 볼 때 아래의 표 지방인구 비중 자료는 신뢰성이 떨어진다고 본다.

조선왕조 및 식민지 시기(1669~1944년)광역인구 비중 추이 (단위: %)

도별	1669	1717	1753	1781	1816	1852	1925	1935	1944
경기도	14.8	11.0	11.3	11.3	12.7	12.8	10.34	10.71	11.93
강원도	3.7	4.1	5.4	4.7	5.2	4.7	6.82	7.01	7.17

충청도	11.8	12.4	12.8	11.8	13.0	12.9	10.91	10.86	10.24
전라도	19.4	16.1	16.3	16.5	15.8	15.6	18.07	17.97	11.07
경상도	23.4	31.6	22.8	21.7	21.6	22.4	22.31	21.01	19.38

주) 경기도는 한성 포함. 지방 비중은 조선 한반도 인구 중의 지방 비중임. 황해, 평안 함경도 등 이북지방 인구 비중은 생략하였음.
자료: 방동인 ; 인구의 증가, 한국사 13, 1974년 참조 재인용함

해방 이후 남한 인구는 1949년 2천만 명에서 36년이 지난 1985년 4천만 명으로 두 배 불어났지만 국토면적은 1949년의 크기를 그대로 유지한거나 다름없다. 남한의 인구 추이: 1949 20,189, 1960 24,989천명, 1970 31,466천명, 1980 37,436천명, 1985 40,432천명, 1990 43,411천명, 1995 44,609천명

해방과 전쟁은 인구분포를 크게 변화시켰다. 국내로 귀환한 해외 동포들은 주로 서울과 수도권에 정착하였다. 이러한 인구이동은 한국동란에 의해 다시 한 번 커다란 변화를 가져왔다. 전쟁은 부산과 수도권으로 집중하는 인구이동의 급증을 유발했다.

전쟁 이후 산업화와 도시화가 동시에 진행되면서 지역간 인구 이동이 활발하게 일어났다. 특히 박정희 집권기의 급속한 공업화 과정 시기에는 대량 인구 이동이 일어났으며 서울 집중이 가속화하는 양상을 띠었다.

1960년대 경제개발계획으로 공업화가 진행되는 동안 수도권과 지방 간 그리고 영남과 호남 간의 인구 격차가 크게 벌어지기 시작했다. 2000년 서울, 수도권의 인구는 전체 인구의 절반 가까이 차지하였다.

식민지 조선의 지방인구 분포와 60년대 이후 지방인구 분포를 보면 서로 판이하게 변화했다. 전라남도의 총인구수는 경상남도의 총인구수보다 약간 많았고 경상북도의 인구수와 비슷했다. 지방의 절대인구수에서 볼 때 식민지 조선의 공업화가 급속히 진행되었음에도 불구하고 지방 인구는 별로 변화하지 않았으며 농촌인구의 대규모 이동은 없었다.

그러나 해방이 되면서 대대적인 인구이동을 초래했다. 특히 60년대 이후 공업화 과정에서 지방인구 분포는 급격히 변동했다. 지난 60년 동안 지속적인 경제성장과 함께 편중된 지역개발이 진행되고 농업의 사양화와 편향적인 공업정책 그리고 도시화와 동남지역 중심의 산업 및 주거단지 개발 등으로 지방인구의 대규모 이동을 가져왔다.

식민지 조선의 전라남도 인구비중이 경상남도보다 더 컸다. 이것은 식민지 조선의 공업화가 급속히 진행되었음에도 불구하고 대규모 인구이동이 없었던 것으로 볼 수 있다.

식민지 조선의 근대화 과정에서 지역별 특성을 반영한 공업화는 지역 인구와 주변 인구를 흡수하는 데 그쳤다. 다시 말해서 일본 식민지 시대의 공업화 과정은 전국적인 대규모 인구이동과 서울 수도권 및 영남권으로의 인구 집중 현상을 초래하지 않았다.

1945년 5월 해방 이후 1949년까지 정치 혼란기 동안 남한 인구의 변화는 해외 인구의 대이동으로 인한 급진적인 인구구조의 변화를 가져왔다. 만주와 일본 등 해외에서 다시 남한으로 들어오는 대 인구이동이 일어난 것이다. 해외 인구의 대량 이동과 함께 북한의 유입 인구로 남한 내부의 인구구조와 총인구의 급격한 변화였다. 북한 및 해외인구의 유입은 우선 국내 인구를 폭발적으로 증가시켰다.

동시에 일제시대 때부터 진행된 도시로의 인구 집중을 가속화시켰다. 해방으로 해외동포가 귀국하면서 사회적 인구이동이 일어났다. 서울 부산 마산 대구 대전 등의 도시에 인구 증가 현상이 강하게 나타났다. 남북 단절 이후 1946년 남한의 총 인구는 1천9백3십7만 명이었다.

해방 당시 해외 한국인은 5백만 명으로 전체 남한 인구의 20%를 차지했다. 한국인들의 해외이주는 대부분 일제 강점기에 이루어졌다. 특히 전체 해외 한국인 중에서 2백만 명은 1930년 이후 일제 침략전쟁에 강제로 이주되었다[박세길, 1988].

해외 한국인 이주민들은 다시 해방되면서 국내 이동으로 남한 인구를 폭발적으로 증대시켰다. 남북분단의 다음 해인 1946년 남한의 총인구 1천9백3십7만 명에서 1955년 2천1백50만2천명으로 9년 사이 2백13만2천명이 증가했다. 이러한 인구유입은 북한주민의 유입과 해외이주민의 재유입, 전쟁 후 부부의 재결합과 신혼 붐 때문이었다.

인구의 폭발적인 증대는 생산과 수요에 치명적인 악영향을 끼쳤다. 일상용품은 턱없이 부족하였고 피난민은 고춧가루 장사와 장작 장사로 돈벌이에 급급할 정도로 험악하였다. 반쪽으로 갈라진 한국 경제는 생산능력이 급격히 감축되었다. 생산기반이 완전히 무너져 공장에서 고용이란 상상할 수 없는 일이었다[남기고 싶은 이야기들, 중앙일보 2003.9.2].

1945년 10월 주한 미군은 7만2,000여명이 주둔하고 있었다. 미군정은 과거 일본 총독부의 지위와 체계를 그대로 인수하였다. **일본인 관리들은 미군정 기간에도 상당 기간 유임되었고 이후에도 자문 역할을 수행하였다**[박세길, 1988]. 1950년 6.25 전쟁은 다시 한 번 격심한 인구이동을 불러일으켰다.

부산, 대구 광주 대전 전주 등에 북한에서 월남한 피난민들이 모여 들었다. 전쟁의 피해를 입은 서울, 군산 김천 진주 등 도시들은 정체 현상을 보였다. 1955년 남한 인구는 2천1백50만2천명으로 급격히 늘어났다.

해방 후 남한 인구는 북한 및 해외의 유입인구와 전쟁 후 부부의 재결합, 새로운 결혼 붐으로 급속히 증대하였다. 전후 복구 작업과 산업철도의 발달에 힘입어 경남지역에 인구규모 2만 명이상의 도시 발전이 이루어졌다.

특히 1953년 한국전쟁이 치르고 난 이후로는 대량 피난민들이 유입되면서 남한인구는 폭발적인 인구 증가를 가져왔으며 도시 인구를 급속히 증대시키는 요인이 되었다. **1951년 4월 피난민은 남한 전체 인구의 1/3이 넘는 7백20만 명에 달했다.**

1950년대 인구구조는 다산다사 형의 삼각형 인구구조를 유지했다. 이 같은 인구구조는 일제시대의 인구구조와 비슷하였다. 많은 아이가 태어나 아래는 넓지만 일찍 죽는 사람도 많아서 위가 가느다란 모양을 띄는 삼각형 인구 구조를 가졌다. 당시 한국은 전형적인 후진국 형 인구구조에 속했다.

한국은 60년대 초반 이후 지속적인 경제성장과정을 밟으면서 80년대 삶에 대한 질적 욕구 변화와 함께 인구 억제 정책, 의료기술의 발전 등으로 출산율과 사망률이 꾸준히 감소하였다.

그 결과 연령별 인구구조는 밑변을 좁아지고 위가 넓어지는 선진국 형의 인구구조로 전환되었다. 90년대에 들어서면서 인구 구조는 빠른 속도로 변화했다. 노령인구가 눈에 띄게 증대되고 남성보다 여성비중이 더 큰 양상으로 나타난 것이다.

현재 한국의 인구구조는 유소년 인구비율은 줄어들고 노령인구비율이 늘어나는 방추형 인구구조로 빠르게 바뀌어 가고 있다. 또한 최근에는 남자아이가 여자아이보다 많이 태어나는 현상도 일어났다. 이러한 현상은 남자들이 여자들보다 일찍 사망하는 원인과 남아선호사상이 뿌리 깊게 작용한 것으로 진단한다.

1960년 이후 본격적인 도시화가 진행되었다. 공업과 관련된 지역이 도시발달을 선도하였다. 산업개발은 기존 대도시에 입지해 있는 경제여건을 활용하는 방향으로 진행되었다. 대외지향적인 공업화 정책에 힘입어 울산 창원 구미 등의 신도시들이 건설하여 도시 개발을 촉진시켰다. 1960년대 후반의 고속도로 개통은 자동차를 이용한 육상교통이 지역 간 유통체계를 주도해갔다[권영우 외공저, 도시의 이해].

1960년에는 총 인구가 2천4백95만4천 명에 도달했다. 인구증가율도 3.0%에 도달했다. 그러나 1963년부터 실시한 인구 억제정책과 사회경제적 변화 등으로 출생률이 빠른 속도로 감소되어 1970년에는 2.0%까지 떨어졌다.

1960년 이후 도시와 농촌간의 경제적 격차에 의한 이촌향도 현상과 제조업의 수도권 집중에 따른 취업기회의 확대로 전국의 인구가 수도권으로 집중하는 경향이 나타나기 시작했다. 도시공간분포에서는 위성도시 발달과 종주도시화 현상 그리고 거대도시화 현상이 나타났다. 대도시가 비대해지면서 집적의 불경제가 나타나 대도시 주변의 신설도시들이 발달되었다.

우리나라 인구는 1960년 2천5백만 명에서 2009년 4천9백만 명으로 약 50년 동안 2배로 불었다. 국토 면적은 거의 그대로인데, 남한 전체 인구는 두 배로 늘어난 것이다.

한국의 인구밀도는 세계 최고수준이다. 선진국이 주어진 영토 안에서 낮은 자연 인구 증가율을 유지해 낮은 인구밀도를 가진 것과 달리 한국은 장기간 높은 자연 인구 증가율로 인해 높은 인구밀도를 갖게 되었다.

연도	시대별 변화 특징
1955년	베이비붐 시작, 출산억제정책 강화
1960년	전기 베이비붐세대[16]의 정점
1980년 전후	출생아수 급증
1984년부터	초저출산
1987년	민주화 운동, 386세대
1997년	IMF 외환위기, 사오정-이택백 등장

1970년 총 인구는 3천1백43만5천명으로 1평방킬로미터 당 인구밀도는 319명이라는 높은 인구밀집을 보였다. 1970년대에 들어서면서 인구 증가는 사회경제적 환경변화의 영향을 받아 인구 증가 속도가 꾸준히 둔화되었다.

출산율은 사회시설의 확충, 자녀교육비의 증대, 여가활동 욕구의 증대, 자녀에 대한 가치관 변화, 생활양식의 변화, 피임의 실천 등의 요인에 의해 계속 둔화되었다. 인구증가율은 80년대 초 1.57%에서 85년에는 1%로 떨어졌다. 남한의 총 인구 수는 1979년 3천7백60만5천명에서 1999년 4천6백85만8천명에 도달했다.

최근 수년간의 인구증가율은 0.4~0.43%로 이를 기준으로 할 때 2012년에는 5000만 명을 넘어설 것으로 전망 한다. 서울 인천 수도권지역은 전체 인구의 48%가 몰려 사는 것으로 집계되었다. 인구가 가장 많은 기초자치단체는 수원시, 성남시, 고양시로 나타났다[중앙일보, 2007.2.9.].

한국은 여성 1명이 낳을 것으로 예상되는 평균 출생아 수인 '합계출산율'이 OECD 회원국 중 최하위를 기록해 경쟁국보다 빠르게 노동이 감소할 것으로 보인다[스위스 은행 UBS 조사, 더 타임스, 연합뉴스, 2009.

---

16) 선진국에서는 1940년대 후반부터 1950년대 전반에 태어난 세대를 베이비붐세대로 지칭한다. 우리나라는 1955년~1963년 사이에 출생한 세대를 지목한다.

9.20]. 우리나라의 '합계출산율'은 2008년 기준으로 1.19명으로 OECD 국가 중 30위이다. 이는 1999년 1.41명과 비교해 빠른 속도로 하락한 것이다. 같은 기간 OECD는 합계출산율이 0.08명 상승했다.

45. 한국의 경제성장과 고용 효과

우리 나라의 경제성장률을 보면 박정희 군부집권기인 1970년대 8.6%와 전두환-노태우 군부 집권기인 1980년대 7.6%에서 민주화 시기인 1990년대 6.2%수준으로 하락하였다. 보수군부의 장기집권이 막이 내렸던 외환위기 이후 1998~2003년의 기간 동안 경제성장은 평균 4.3%로 둔화되었다.

한국경제의 외형적인 규모 성장은 지난 30년간의 군부집권 동안 지속적으로 성장하면서 산업구조가 고도화한 뒤 저성장 단계에 들어간 것으로 보인다. 또한 **과거에는 고속 성장과 함께 소비 및 투자의 활성화에 힘입어 괄목할만한 고용 증가 효과를 가져왔지만, 개방화-세계화가 열린 2000년대 들어서부터는 지속적 성장에도 불구하고 고용효과가 미미하게 나타나고 있다.**

특히 외환위기 이후 GDP성장에도 불구하고 과거와 같은 고용 개

선은 나타나지 않고 있다. 이는 신규 고용을 흡수할 수 없을 만큼 능력이 떨어진 감속성장이 결정적인 요인이지만 과거와 같은 고성장을 이어받은 성장 동력의 약화가 결정적인 요인으로 본다. 또한 국내외 경제 환경의 변화도 작용한 것으로 보인다. 이 같은 성장궤도는 선진국이 이미 1980년대 고도 성숙단계에 달성한 고용 둔화 효과를 답습하고 있는 것으로 보인다.

2005년 한국경제는 수출증가와 세계경제 회복으로 5%대 성장하는 동안 실업률은 1998년 7%까지 급증한 후 하락하였고 지난해에는 3.5%로 추락했다. **생산가능 인구 중 취업자 수의 비중을 나타낸 고용률은 2003년 59.3%로 선진국에 비해 낮다. 이는 1997년 60.9%보다 낮다**[OECD 65% 내외, 미국 · 일본 70% 내외].

위기 직후 급격히 높아졌던 실업률이 감소세를 보인 것은 실업자가 취업자로 이동한 요인보다 오랜 실직으로 구직활동을 포기하여 비경제 활동인구로 이동하였기 때문이다. 특히 대졸 미취업자 및 여성, 중고령자 등 취업의사가 있으나 구직활동을 하지 않고 있거나 구직을 단념한 사람을 실업자에 포함시킬 경우 실업률이 현재보다 더 증가할 것으로 본다.

구직 단념자는 12만4천명으로 나타나 2004년의 6만 8천명에 비해 두 배 가까이 증가하였다(통계청). 외환위기 이후 전반적인 일자리

수는 최근의 경기침체로 인해 매년 40~50만개씩 증가하던 일자리가 지난해에는 처음으로 3만개가 감소하였다.

특히 제조업 취업자는 2000년 이후 지속적으로 감소 추이를 보이고 있다. 또한 고용효과가 큰 서비스업의 경우 1999년 이후 매년 약 50만 명의 취업자수 증가를 보였으나 지난해에는 5만 명 증가에 그쳤다. 최근 10년(1993~2002년)간 창출된 일자리는 양극화 현상이 두드러지게 나타나고 있다.

임금 수준별로 일자리를 구분하면 상위 30%와 하위 30%의 직업에서 일자리가 상당히 증가한 반면, 중위권 직업은 감소하거나 거의 정체상태다. 또한 중위임금 일자리에서 정규직 일자리가 사라지고, 임금이 낮은 일자리에서 비정규직이 증가하는 추세다.

특히 대기업과 제조업·건설업의 일자리 수는 상위 30%의 고임금 일자리는 증가한 반면, 나머지 70%의 중·저임금 일자리는 감소하였다. IT산업에서는 주로 고임금 일자리를 중심으로 새로운 일자리가 창출되었으며, 사회적 서비스 부문도 중상위 수준 중심으로 일자리가 창출되고 있다.

서비스직 중에서도 IT관련 서비스업이나 공공부문, 보건의료복지 부문의 중상위 일자리와 판매·서비스, 생산, 단순 노무직 등의 하위 일자리가 동시에 증가 추세다. 이러한 전반적인 일자리 감소 및 양극화와 산업구조의 변화로 인해 고도성장기에 비해 경제성장에 따른 고용창출 여력이 점차 줄어들고 있다. 특히, 2004년의 경우 경제성장에도 불구하고 취업자 수가 감소하여 1985년 이후 고용 없는 성장에 대한 우려가 제기되고 있다. 여성 경제활동인구의 국제비교: 덴마크 76.4%, 미국 69.1%, 프랑스 65.5%, 일본 61.9%, 한국 54.8% 2009년 2월 47.5%[통계청, 2007년 기준(15~64세), 매일경제, 2009.3.25].

한국에는 특별한 이유 없이 그냥 놀고 있는 사람이 많다. 2006년 127만 명에 달했다. 대부분 구직활동을 포기한 은둔생활자로 볼 수 있다. 실업자 통계에도 잡히지 않는 숫자다. 대학 졸업 이상의 고학력자들이 많이 포함돼 있다[매일경제, 2007.1.15].

2010년 2월 실업자 + 구직 단념자 + 주 17시간 이하 취업자를 포함한 실업자 총수는 1999년 11월 이후 최고치를 기록했다. 경기는 회복 기미를 보이고 있지만, 고용 사정은 나빠지고 있다[문화일보, 2010.3.18.].

이들은 275만3000명으로 1999년 11월 이후 가장 많았다. 이들 실업자는 글로벌 금융위기가 한국 경제를 강타한 2008년 12월만 해도 189만 명에 그쳤지만 올 2월에는 275만3000명을 기록하며 1년 남짓한 기간에 86만3000명이나 급증했다.

금융위기 이전인 2008년 7월과 비교할 경우 증가 폭이 108만3000명에 달한다. 이들이 늘어난 주원인은 구직 단념자가 전월에 비해 29.1%(5만7000명)나 늘었고 주 17시간 이하 취업자도 전월에 비해 23.0%(24만9000명) 증가했기 때문이다. 이들이 경제활동인구에서 차지하는 비율도 11.45%로 1999년 11월 이후 최고치를 기록했다.

46. 한국 여성의 삶

전쟁 직후인 1950년대 중반에 태어난 한국 여성들은 팍팍한 어린 시절을 보냈다. 부모는 남자 형제들에게 대학을 양보했다. 22세쯤 결혼해 시부모를 모시고 살면서 2명의 아이를 낳아 길렀다. 남편이 가져다주는 월급을 한푼 두푼 모아, 아이만큼은 '못 배운 설움'을 겪지 않도록 매섭게 공부시켰다.

사회는 이들의 열성에 '치맛바람'이란 별명을 붙였다. 남편이 한창 일할 때인 40대 초반, 외환위기에 가정이 휘청댔다. 생계, 그리고 아이들의 등록금을 위해 생전 처음으로 취업 전선에 뛰어들었다. 할 수 있는 일은 일용직, 혹은 임시직뿐이었다. 자녀가 대학을 졸업할 때쯤인 2005년, 20대 젊은이의 7.5%가 실업자인 '청년 실업의 시대'가 시작됐다. '88만원 세대'로 전락한 아이들은 아직도 부모에게 손을 벌린다.

대한민국 55세 여성의 전형적인 삶은 한국사회에서 가장 불행한 집단이다. 중년 한국 여성의 불행 뒤엔 평생 축적된 경제적 부채의 굴레, 삶을 바쳐 뒷받침해온 가족에 대한 부담감이 자리 잡고 있었다[조선일보, 2011.1.14, 통계청의 인구주택 총조사; 경제활동인구 조사 등을 토대로 한 재구성].

인생의 행복도는 20대에서 40대까지 꾸준히 떨어지다가 50대에 다시 올라간다. 인생이 내리 하락세가 아니라 40대에 바닥을 치고 반등하는, 이른바 'U자형 행복 곡선'을 그린다[영국 이코노미스트, 미 프린스턴대의 연구 결과]. 한국의 남성은 전형적인 'U자형' 행복도를 보였다. 그러나 여성은 아니었다.

한국에서 가장 '행복하지 않다고 느낀 세대는 50대 여성이었다[행복 여론조사 결과]. 한국의 50대 여성은 10개국의 모든 세대를 통틀어 가장 높았다. 한국 여성의 행복도는 20대 · 40대 때 높고 30대 · 50대에 낮은 지그재그 형이었다. 남성의 행복도는 20대에서 40대까지 떨어지다가 50대에 다시 상승했다. 50대 여성의 행복도가 세계 최저치를 기록하면서, 한국인 전체의 평균 행복도도 '50대 반등에 실패했다.

한국의 50대 여성은 빚에 큰 부담을 졌고, 이자 때문에 고민했다. 다른 나라의 경우 빚에 대한 부담은 주로 새 가정을 시작하는 20대 · 30대 몫이었다. 호주, 핀란드, 미국은 젊은 층의 부채 부담이 가장 컸다. 반면 한국의 20대는 빚 부담이 없는 비율이 10개국 중 가장 높았다. 대학에 입학한 후 학자금대출 등을 받으며 자립(自立)의 길에 들어서는 다른 나라 청년들과 달리 한국 젊은이 중 상당수가 20대가 되어서도 부모에 의존해야 하는 상황임을 드러낸다.

전통적인 가치관 아래 평생 가족을 보살피는 한국의 50대 여성은 가족에 대한 애정과 피로감을 동시에 드러냈다. 그들에게 가족은 대체로 '가장 사랑하는 사람들'이었다.

한국의 50대 여성은 전형적인 샌드위치 세대며 보수적인 부모 아래서 자라 여성이라는 이유로 가족을 위해 많은 것을 희생하고서도, 정작 다음 자녀들에게는 자신의 노력에 대한 보상을 기대하기 어렵다는 박탈감에 빠져 있다[이화여대 사회복지전문대학원 김미혜 교수].

이러한 세태를 반영하여 한국의 중년 여성은 삶의 위안을 종교에서 찾으려는 성향이 강했다. 그러나 한국의 중년 여성은 종교로 믿기보다는 도피처로 믿는 성향이 강했다. 종교를 종교 자체로 믿는 사람은 높은 행복감을 보이지만, 현실 탈피를 위한 도구로 종교를 활용할 경우 행복감은 거의 상승하지 않는다[영국 필로소퍼스 매거진 줄리언 바지니 편집장].

한국인이 아이를 낳지 않는 이유에 대해서도 50대 여성은 경제적 부담보다는 살기 어렵고 고통스러운 세상에 아이를 태어나게 하고 싶지 않다는 염세적 의견이 압도적으로 많았다. 선진국의 50대 여성들은 자녀가 성인이 되는 순간 '가뿐하다'는 기분으로 그동안 누리지 못했던 개인의 취미 생활을 즐기는 것이 보통이지만 한국의 중년 여성은 대부분 남편의 고용 불안, 자녀 결혼 자금 마련 등 가족이라는 굴레에서 벗어나지 못하는 상태다[고려대 사회학과 김윤태 교수]

47. 한국의 지역 GDP, 실업

식민지 시기 지역별 인구분포를 보면 서울, 수도권 인구는 1906년 1.068.345명에 불과했다. 영남권, 호남권, 충청권 지역의 총 인구는 1906년 21%에서 1944년 26.6%로 불어나 38년 동안 5.6%에 증가하는데 그쳤다. 일제 시기 영호남의 인구는 1906년 8십8만 명에서 1944년 7십5만 명으로 줄어들었다. 이는 공업화 및 근대화 과정에서 특정 지역 중심으로 집중 개발하는 방식으로 이루어지 않아 대규모 인구이동도 일어나지 않았다는 것을 의미한다. 당시 공업화가 빠른 속도로 진행되었지만 여전히 농업이 지배하였고 지역간 개발격차도 심하지 않았다. 공업화 과정이 대량의 노동력을 요구하는 산업발전 양상으로 진행되었지만 여전히 농어업이 주력 산업이었고 지역별 대규모 대량 인구 이동이 일어나지 않았던 것이다.

1945년 해방과 6.25전쟁(1950~53년)은 도별 인구분포와 구조를 극적으로 변화시켰다. 해방 직후 많은 해외 조선인들이 중국, 일본, 동남아지역에서 귀환했다. 귀환한 해외 동포들은 주로 서울, 수도권

등지로 대규모 이동 정착했다.

6.25동란은 서울과 부산 등 대도시로 인구가 몰리는 인구 집중 현상을 가속화시켰다. 6.25전쟁이 끝나고 경제가 회복과 안정을 되찾으면서 인구가 급속히 늘어났고 동시에 대도시로의 인구 집중이 강화되기 시작하였다.

1960년대 들어서 산업화가 본격적으로 급속히 진행되면서 지역간 인구 이동이 활발하게 일어났다. 특히 박정희 집권 이후 일어난 급속한 공업화 과정은 수도권, 영남권 중심으로 집중개발 되면서 인구의 대규모 이동을 가속화시켰으며 매우 급속한 양상을 띠었다.

1960년대 경제개발계획으로 공업화가 진행되는 동안 수도권과 지방 및 영호남 간의 인구 격차가 크게 벌어지기 시작했다. 40여년이 지난 2000년에는 서울, 수도권의 인구가 전체 인구의 절반 가까이 차지하였다.

산업별 고용량 증가의 지역별 분포

기간	부문	수도권	비수도권	전국대비 영남권	전국
1971 ~1980	제조업	524,135 (43.3)	686,933 (56.7)	603,626 (49.8)	1,211,068 (100.0)
1981 ~ 1996	제조업	422,919 (53.5)	367,766 (46.5)	162,330 (20.5)	790,685 (100.0)
1971 ~ 1996	제조업	947,054 (47.3)	1,054,699 (52.7)	735,956 (36.8)	2,001,753 (100.0)

자료 : 통계청

수도권과 비수도권의 인구 (단위: 천명)

구 분	1985	1986	1987	1988	1989	1990	1991	1992
수도권	15,960	16,420	16,888	17,366	17,856	18,354	18,803	19,225
비수도권	24,846	24,794	24,734	24,665	24,593	24,515	24,465	24,384
상대지수	64.2	66.2	68.3	70.4	72.6	74.9	76.9	78.8

※상대지수는 수도권을 100으로 했을 때 비수도권의 지수임.
자료 : 통계청

영남과 호남의 인구변화 추이(1985~1992)

구 분	1985	1986	1987	1988	1989	1990	1991	1992
영남권	12,179	12,233	12,281	12,325	12,367	12,404	12,458	12,505
호남권	6,004	5,934	5,863	5,790	5,718	5,645	5,579	5,512
상대지수	49.3	48.5	47.4	47.0	46.2	45.5	44.8	44.1

※ 상대지수는 영남권을 100으로 보았을 때 호남권의 지수임.
자료 : 통계청

지역별 인구수 및 인구비중 변화 (단위: 천명, %)

지 역	1960년 인구		1999년 인구		1960~99 증가분	
	인구수	비 중	인구수	비 중	인구수	비 중
수 도 권	5,194	20.8	21,828	45.9	16,634	73.4
비수도권	19,795	79.1	25,714	54.1	5919	26.6
부 산	1,164	4.7	3,821	8.1	2657	12.0
전국인구	24,989	100.0	47,174	100.0	22,185	100.0

자료 : 통계청

도별 인구 분포 (단위:명, %)

지역 \ 연도	1985		1992	
경기도	15,803,288	39.10	19,660,107	44.11
강원도	1,724,146	4.27	1,555,082	3.49
충청북도	1,390,326	3.44	1,404,767	3.15
충청남도	2,999,837	7.42	3,008,716	6.75
전라북도	2,201,265	5.45	2,028,956	4.55
전라남도	3,747,506	9.27	3,508,636	7.87
경상북도	5,038,371	12.46	5,159,641	11.58
경상남도	7,026,613	17.38	7,736,746	17.36
제주도	488,300	1.21	506,222	1.14
총 인구 수	40,420,652	100.00	44,568,873	100.00

도별 인구 분포 (단위:명, %)

지역 \ 연도	2000		2003	
경기도	22,215,568	46.30	23,239,884	47.60
강원도	1,559,042	3.25	1,533,331	3.14
충청북도	1,504,722	3.14	1,500,558	3.07
충청남도	3,320,744	6.92	3,368,910	6.90
전라북도	2,006,500	4.18	1,962,867	4.02
전라남도	3,509,841	7.32	3,425,105	7.02
경상북도	5,351,763	11.15	5,286,934	10.83
경상남도	7,965,227	16.60	7,952,384	16.29
제주도	543,323	1.13	553,864	1.13
총 인구 수	47,976,730	100.00	48,823,837	100.00

주) 전국 인구수에서 각 지역이 차지하는 인구수 비중
자료 : 통계청

지역별 경제활동인구(2008년 기준)를 보면 수도권은 경상도의 1.9배, 전라도보다 5배 정도 많다. 영남권은 9,569,888명으로 전라도보다 3배 정도 많다. 호남권은 3,540,875명으로 경상도보다 3분의 1 수준이다. 충청권은 3,514,887명으로 전라도와 거의 같은 규모로 늘었다.

수도권과 영남권의 면적은 43,982㎢ 로 전체 국토 면적의 44%를 차지하고 있지만 수도권과 영남권의 인구는 3천6백만 명으로 전체 인구의 76%를 차지한다. 두 지역권의 생산량은 581,3조원으로 전체 지역총생산의 75%를 차지한다. 반대로 **충청 호남 지역은 3만6천 제곱미터(㎢)로 전 국토의 56%를 차지하지만 두 지역의 인구는 65만 명으로 전체인구의 24%에 불과하다.**

전라도와 충청도의 농촌 및 산간 마을은 황폐화되거나 사람들이 살지 않는 빈 공간으로 변질되고 있다. 일부 충청도 및 전라도의 도시 지역을 제외하면 두 지역의 대부분은 젊은 노동인구가 사라지고 생산 공장도 들어서지 않음으로서 두 지역의 생산량은 전체 지역총생산의 25%에 불과한 89조원을 산출하였다. 다시 말해서 충청 호남 지역은 전 국토 공간의 절반 이상을 차지하면서도 전체 인구의 1/4에 불과하고 낮은 지역 생산량으로 인해 지역 인구 1인당 평균 소득이 낮다. 이와 같은 결과는 지난 60년 동안 수도권과 영남권 지역 중심으로 편중 개발된 지역불균형개발정책의 결과이다.

지역별 면적과 인구 및 생산량(2006년)

구분	면적(㎢)	누적면적	인구 (천명)	누적인구	GRDP (조원)	누적 GRDP
수도권	11,730	-	23,602	-	370.0	-
영남권	32,252	43,982	12,598	36,190	211.3	581.3
충청권	16,572	60,554	4,876	40,066	87.6	598.9
호남권	20,629	81,183	5,054	45,120	72.4	571.3
강원권	16,613	97,796	1,474	46,594	17.0	588.3
제주권	1,848	99,644	542	47,136	6.6	594.9

지역 격차를 줄이는 지역균형개발은 무시된 채 누더기 지역개발 정책이 여전히 계속되었다. 가장 먼저 영남권 지역 개발이 착수되면서 막대한 규모의 토지보상이 돌아갔다. 전체적으로 행정복합도시, 혁신도시, 기업도시 건설 등으로 들어간 토지보상 비용만 38조원이 지출되었다. 이명박 정부는 광역개발정책으로 바뀌면서 기존 개발지역이 계속되는 과거식 개발 집적과정의 전철을 밟았던 것이다.

전국 30개 국가산업단지는 2005년 말 현재 408조원의 생산물을 산출했다. 동 생산액은 지역 전체 총생산액 중 51%를 차지하였다. 수출은 1665억원으로 총 수출액 중 67.4%에 이른다. 이런 실적은 수도권과 영남권의 국가산업단지와 산업클러스터가 주도해 왔다. 산업단지와 도시개발이 이미 개발된 집적지역으로 몰리면서 동 지역의 주민소득과 생활수준은 꾸준히 향상되었다. 동시에 소외지역과의 격차는 점점 확대되는 양상으로 발전하였다. **지역 간 소득격**

차는 생활, 교육 등 삶의 질적 격차를 유발함으로서 일부 수혜지역 주민을 제외한 후세대에 커다란 짐으로 남겨 놓고 있는 것이다. 경제구조는 지속적으로 왜곡된 것이다.

48. 지역실업과 지역총생산, 지역생활수준

한국의 전체 실업률은 3%대이다. 지역별 실업률을 보면 수도권지역은 4.3~4.6%, 호남 · 영남지역은 3.9%이다. 반면 강원지역은 2.0%다. 이처럼 서울·경기지역의 고용체감은 전체 실업률보다 훨씬 나쁘다. 이러한 차이는 지역간 불균형발전이 주원인이다.

서울 경기도 등을 제외한 지역은 농업부문에 취업자 비중이 높고 제조업 · 서비스업 등에 비해 상대적으로 실업이 발생할 가능성이 낮기 때문에 이런 지역은 상대적으로 실업률이 낮게 나타난다. 전국의 실업자 수는 외환위기 이후 꾸준히 감소하다가 다시 증가한다. 지역별로 보면 수도권과 영남권은 제조업 취업 비중 20%를 넘는 관계로 변화율이 심한 편이지만 그 외 지역은 2002년 이후로 안정적인 것은 지역개발격차에서 온 산업구조에 있다. 제조업 취업비율이 큰 곳은 경제 상황에 따라 변하는 실업자의 변동이 큰 것을 그대로 반영하고 있는 것이다.

2001~2005년간 지역내총생산(GRDP) 증가율은 충청남도가 전국 16개 시 도 가운데에서 가장 높았다. 5년간 연평균 7.42% 성장했다. 이 같은 고성장은 2000년대 들어서 대기업들이 충청도 지역으로 대기업들이 들어서면서부터 본격적으로 가동됐다.

아산 천안 일대에 삼성전자, 삼성정밀유리, 삼성코닝 등 삼성계열사 10개와 아산만의 현대자동차 공장 등의 대기업이 들어온 결과이다.

한국의 체감 실업률은 공식실업통계보다 훨씬 높다. 2004년 공식적 실업자 수는 81만여 명, 실업률은 3.5%지만 실질적 실업자는 182만4000명, 실질실업률은 7.8%에 달할 것으로 추정한다.[17)]

한국이 경제협력개발기구(OECD) 회원국 가운데 실업률이 가장 낮다. 한국의 실업률은 3대%로 OECD 회원국 평균치 6%를 크게 밑돌았다. 미국은 5%대며 일본4%대, OECD 회원국 평균치는 6.5%대다.

주요국 실업추이 (단위 : %)

지 역	1985	1990	1995	2000	2005
영 국	11.2	6.9	8.5	5.4	4.7

17) 공식 실업률의 산출 기준이 비현실적이어서 실제실업률보다 낮게 나타난 것으로 추정한다. 비공식 추정 실질실업률은 공식 실업자에 구직을 단념한 사람과 주 36시간 미만 일하는 근로자 중 추가 취업、전업을 희망하는 불완전 취업자를 합친 수자이다.

프랑스	9.8	8.6	11.4	9.3	9.7
이탈리아	8.1	8.9	11.5	10.4	7.5
일 본	2.6	2.1	3.1	4.7	4.5
캐나다	10.7	8.1	9.4	6.8	7.1
독 일	7.2	4.8	8.0	7.8	9.8
미 국	7.2	5.6	5.6	4.0	5.3
한 국	4.0	2.4	2.1	4.1	3.5

자료: 통계청

한국의 실업률이 비교적 낮게 나타난 것은 개인의 입장에서는 사회보장에 의존하는 것보다는 스스로 일을 해서 자립해야 하는 요인이 있는 반면 기업은 '평생직장'이라는 개념이 강했다. 즉 기업은 '평생 직장'을 보장하고, 개인은 그 직장을 위해 최선을 다하는 풍토가 전통적인 고용 관계였다. 일본이 실업율을 낮게 유지한 것도 이와 같은 풍토에 힘입은 바 크다.

그러나 이러한 풍토는 1997년 외환위기 이후 크게 흔들렸다. 기업 구조조정에 따라 평생직장개념 대신 노동시장의 유연성 개념이 자리를 잡게 됐다. 기업은 더 나은 노동력을 찾아 쓰려하고 개인은 자신의 능력을 세일즈하는 이른바 시장경제원리가 찾아온 것이다. 최근 몇 년 새 한국과 일본의 실업률이 다소 높아진 것도 이런 환경 변화에 기인한다.

수도권 성장은 다른 지역의 경제발전에 기여하기보다는 오히려 빨아드리는 블랙홀이 되고 있다. 수도권은 국민경제 전체 산출액에서 44.9%를 차지한다. 경제 전체 부가가치 창출액 가운데 47.9%를 생산한다.

수도권 총 산출액에서 여타 다른 지역으로 재화와 서비스를 판매한 이출액 비중은 16.5%다. 수도권은 이출액 비중에서 전국 6대 광역권 가운데 최하위 순위를 차지하는 유일한 자급자족형 경제의 지역 구조를 가지고 있다[매일경제, 2007.3.21].

지역별 산업연관 주요 지표　　단위; % 비중, 2003년 기준

지역	산출액	부가가치	취업자	지역 내 지급률
수도권	44.9	47.9	45.3	68.0
강원권	2.5	3.0	3.4	62.6
충청권	10.7	10.4	11.1	52.0
전라권	11.6	11.0	12.9	59.1
경북권	11.0	10.4	11.0	53.0
경남권	19.0	17.3	16.3	55.3

자료; 한국은행, 매일경제.2007.3.21

지역총생산(GRDP) 규모의 지역 간 차이도 격심하지만 지역 간 소득불평등 정도도 매우 심하다. 소득불평등도를 나타내는 지역별 지니계수(1997~2000년도 1인당 GRDP 지니계수＝1에 가까우면 심함)) 기준에서 1인당 GRDP의 지니계수는 1997년 0.106에서 2000년

0.123으로 증가로 악화됐다. 이 같은 원인은 제조업의 지역 편중에 기인한다.

지니계수에 대한 제조업의 기여율이 1997~1998년 58% 1999년 95.2%, 2000년 99.9%로 급격히 증가하였다(산업연구원). 수도권과 비수도권 지역간의 1인당 GRDP의 차이는 명목 가격에서 별 차이가 없었다. 그러나 1인당 지역 소득수준에서 수도권 GRDP가 월등히 높다.

수도권과 비수도권의 소득 격차가 현저하게 벌어진 것이다. 또한 상위지역과 하위지역간 1인당 GRDP 격차도 매우 심하다. 전체적으로 지역 간 소득규모에 따른 후생수준의 격차는 크게 확대되었다.

지역의 GRDP를 인구수로 나눈 1인당 GRDP는 실업자 비율이 큰 수도권 지역이 1인당 GRDP가 타 지역에 비해 낮게 산출 될 수 있음에도 불구하고, 인구수가 월등히 많은 지역(경기, 충남)이 다른 지역보다 GRDP가 꾸준히 높아 가고 있다. 이는 실업자의 비율을 감안하고도, 상위지역의 지역총생산이 하위지역에 비해 매우 크다는 것을 의미한다.

경기지역(수도권)이 2000년부터 상위지역에서 밀려나게 되었다. 이는 수도권이 GRDP는 높으나 거의 모든 실업이 몰려있기 때문이다. 변화 비율에서 보면 지역 간 격차가 줄다가 2003년 다시 심화되는 것을 볼 수 있다. 지역 내 총생산을 각 지역의 인구수로 나눈 값이기 때문에 단순 지역 간의 규모의 비교에 적절치 않을 수 있다.

상위지역과 하위지역은 비교가 되지 않음을 알 수 있다. 특히 상위3개의 지역 내에서 경기지역과 경남북지역과는 큰 차이가 있다. 한국의 지역 불균형의 심화정도를 추정해 볼 수 있다. 또 ()안에 있는 최상위지역GRDP에 대한 최하위지역의 명목GRDP를 비교에서 1992년까지 2.1%였던 비율이, 2000년 1.9%로 떨어진 것으로 상위지역과 하위지역의 편차개발이 나아지지 않고 있다. 충북, 전남과 비교에서 확연한 차이를 알 수 있다. **수도권과 지방의 개발정도가 매우 심각하고, 매우 큰 명목GRDP의 차이에도 불구하고 지역별 1인당 GRDP가 비슷한 값을 갖는 것은 그만큼 수도권에 인구가 집중되어 있음을 시사한다.**

수도권의 인구비중은 46.1%(2005년)로서 1970년 28.3%에 비해 무려 17.8%나 증가했다. 수도권은 전체 토지의 11%를 차지하는 면적이지만 전국 총인구의 46.6%가 차지한다. 협소한 공간에 과잉 인구 집중을 보이고 있다. 이러한 일극 집중화는 시간이 흐르면서 더욱 심화되는 양상이다. 한국의 수도권 인구 밀집은 전국적으로 고르게 발전돼 있는 일본(31.9%), 프랑스(18.5%), 영국(11.8%) 등과의 국제비교에서도 매우 높다[지역균형발전기획단, 지역균형발전추진전략, 2000.12].

수도권의 산업집중도 매우 심각하다. 전국 제조업의 44.3%, 지역 총생산의 46.3%, 지식기반 형 산업과 이를 뒷받침하는 연구개발 투자의 수도권에 집중되어 있다. 100대 기업 본사(95.0%), 대기업 본사(88.5%), 벤처기업(71.2%), 조세수입 및 금융거래(70%), 기업부설 연구소(71.2%) 등 민간부문 중추관리기능이 모두 수도권에 집중에 집중되어 있다[지역균형발전기획단, 지역균형발전추진전략, 2000.12].

수도권에는 전체 공공기관의 75% 및 대기업 본사의 90%가 집중 되었다. 중앙행정기관(청 단위 이상, 2000.11); 전국 37개 중 수도권 28개(72.7%) / 정부투자·출자기관(2000.11); 전국 20개 중 수도권 17개 기관(85%) / 정부 출연 연구기관(2000.11); 전국 43개 중 수도권 30개 기관(69.8%) / 제조업체수(종사자 5인 이상, 2000.11); 전국 94,979개 중 수도권 53,783개(56.6%) / 기업부설연구소(2000.2); 전국 4,553개 중 수도권 3,242개(71.2%) / 벤처기업 수(2000.12.13); 전국 9,656개 중 수도권 6,874개(71.2%)

산업개발, 주거생활, 근로여건, 교육환경 등 10개 분야 지역발전 평가에서 가장 뒤처진 지역은 전라남도이고 광역시는 부산이 차지하였다[산업연구원, 매일경제, 2007.1.25].

수도권의 거주자 수는 2002년 말 2287만 명에서 2006년 말 2337만 명으로 늘었다. 재산과 소득에서도 수도권과 지방간 격차는 최대로 확대되었다. 서울과 지방 대도시의 집값 격차는 3~10배다. 지방, 소도시, 농촌은 수도권에 비해 격차현상이 갈수록 심화되고 있다[조선일보, 2007.1.26.].

지역 간 소득분배 격차가 얼마나 격심한가는 지역별 고액소득자 분포를 통해 우회적으로 알 수 있다. 2008년 과세대상 근로소득이 10억 원이 넘는 근로자는 1124명이었다. 비과세 급여를 제외한 총급여 기준(근로소득공제 제외 이전)으로, 전체 근로소득자(1404만 5580명)의 0.008%에 불과하다. 10만 명에 8명꼴이다.

슈퍼 샐러리맨 숫자는 금융위기 등의 영향으로 2007년에 비해 42명 감소했다. 업종별로는 제조업과 금융·보험, 서비스업에 몰려있다[경향신문, 2010.1.29, 국세청]. 지역별로 보면 서울 867명, 경기도 169명으로 두 지역 거주자가 92.5%에 달했다. 부산 23명, 경남 16명, 대구 11명, 광주·울산·충남(8명), 인천(4명), 대전·충북(3명), 전북(2명), 경북·제주(1명)이었다. 강원과 전남에는 10억 원 이상 연봉자가 전무했다.

업종별로 보면 제조업(404명), 금융·보험업(249명), 서비스업(206명), 건설업(100명), 도매업(78명), 운수·창고·통신업(28명), 부동산업(25명) 등의 순이다. 급여별로 보면 5억~10억 원대 3115명, 3억~5억 원대 6379명, 2억~3억 원대 1만3514명, 1억~2억 원대 17만

807명 등이다. 1억원 초과 연봉자는 19만4939명으로 전체 근로자의 1.4% 수준이다.

수도권과 영남권의 지역총생산은 641조원으로 전국 지역총생산 857조 원 중 75%를 차지한다. 수도권과 영남권의 인구는 3702만 명으로 전국 인구 4927만 명 중 75%를 차지한다.

지역불균형 개발정책과 구상은 이명박 정부의 소위 5+2 광역 경제권 구상에서도 이어졌다. 정부는 지난 65년 동안 개발한 결과물이 낳은 경제여건을 십분 활용하고 있을 뿐이다. 앞에서 살펴본 바와 같이 이명박 정부의 지역개발정책은 과거 65년 동안 추진해온 불균형발전전략을 답습하고 있는 것이다.

한국의 지역경제발전은 무계획적인 난개발과 불균형개발로 인하여 심각하게 왜곡되었다. 전체 국토의 경제개발은 지난 60년 동안 정부의 난개발로 인해 대도시와 소도시, 도시와 농촌간의 격심한 불균형 개발, 지방과 지방간의 현저한 개발 격차, 동서지역의 심각한 개발 격차 등의 양상으로 나타났다. 이러 개발방식으로 인해 한국의 국토 개발은 더 이상 개선하기 힘든 기형적인 불균형 구조를 낳고 있다.

여기서 발생하는 부작용은 실로 심각한 상황이다. 가장 심각한 문제는 어떠한 해결책도 지엽적이고 부분적인 방안으로 해소할 수 없는 상황에 도달했다는 것이다.

일제지배기 인구와 지역총생산물에서 영남과 호남의 차이는 별로 없었다. 60년대 초반까지만 해도 별로 큰 격차를 보이지 않았다. 특히 박정희 군부의 불균형개발전략으로 인해 수도권과 대경권은 대폭 확대되어가는 과정을 밟았다(2007년 기준): 수도권 2276만 명 / 386조원, 동남권 762만 명 / 141조원, 충청권 479만 명 / 91조원, 대경권 507만 명 / 84조원, 호남권 502만 명 / 83조원, 강원권 146만 명 / 22조원, 제주권 53만 명 / 7조원

지방경제의 자발적 역량은 중앙정부의 전횡으로 인해 자기 결정권과 재정자립이 취약한 지방자치로 전락했다. 이런 지역개발의 격심한 차이는 부작용이 매우 크다. 국민소득은 성장하더라도 자생적인 내수창출에서는 치명적인 결과를 초래하고 있다. 또한 낙후된 지역주민의 삶의 질을 현저히 떨어뜨린다. 저소득저개발 지역의 경제, 사회적인 환경을 악화시킨다.

한국 정부의 지역개발정책은 지금까지 거점지역을 중심으로 집중투자하는 불균형 개발 전략을 추구했다. 거점 개발 지역은 역류효과(backwash effects)에 의해서 인구와 자본이 집중되었다. 거점지역으로 몰려드는 인구와 자본 집중은 중심지의 수요를 증가시키면

서 거점지역의 수요를 충족하기 위해 뒤 따라 배후지가 발달했다.

중심도시 배후지에서는 농업생산이이나 원료생산을 증대시키고 중심지의 고급기술이 배후지역으로 보급되는 확산되는 효과(spread effects)를 가져오면서 도시지역은 확장되었다. 거점지역의 성장이 확산되면 내부효과 외부경제를 통한 그의 누적효과는 다른 지역의 발전이 쪼그라드는 부담 아래 중심지의 성장이 가속화되었다[최창의, 지역개발전략이론의 변천, 산경논총 제6집, 1986.11, P.23].

우리나라 도시와 지역개발은 지난 65년 동안 서울 수도권과 영남지역이 거점지역으로 개발되는 불균형지역 개발정책의 연속이었다. 이는 일제지배기 일본 정부가 해안지대와 광물생산지 중심으로 지역을 발달시킨 불균형개발정책과 비슷한 양상이다. 그 동안 거점중심 지역개발정책의 결과 개발지역은 막대한 외부효과의 수혜를 입었다.

해당 지역주민들의 생활수준은 타 지역에 비해 상대적으로 빠른 속도로 크게 향상될 수 있었다. 특정 지역에 공원, 교통시설, 공공건물, 공장, 공공주택, 신도시개발, 산업단지개발 등이 집중적으로 들어서면서 파생효과는 주변으로 광범위하게 확산되었다. 해당 지역은 인구가 몰려들었고 수요와 시장을 창출하면서 배후지역의 농수산물 수요를 지속적으로 창출하였다.

아울러 배후지역의 부동산 값이 폭등하고 선대로부터 물려받은 부동산소유자나 땅 투기자들은 손쉽게 개발효과의 덕을 보았다. 이 같은 무임승차로 짧은 시간 내에 개발지역 및 인근지역에서는 신흥 부자들이 출현하였다. 이미 개발된 거점지역은 매년 반복되는 지역 개발에서 발생한 외부효과를 극대화해야 한다는 시장논리에 따른 거점 중심 발전전략은 엄청난 부작용을 초래하였다. 특정지역으로 몰리는 공장건설과 인프라구축이 낳는 외부효과는 투자 촉진과 인근 및 배후지역 개발을 더욱 가속화시키고 그의 혜택을 입은 지역 주민들은 무임승차하면서 불로소득과 인구집중, 지역 간 양극화를 부채질하였다. 지난 65년 동안 지역불균형 개발정책이 낳은 지역별 격차 확대는 도별 인구분포와 지역내총생산 및 재정자립도 등에서 잘 나타나고 있다.

49. 한국의 지역과 도시, 마을, 지역개발정책

한국의 지리적인 공간은 조선 왕조 때부터 내려온 행정구역 구도를 그대로 답습하고 있다. 지리적인 지역 경계는 경상도, 경기도, 전라도, 충청도 ,강원도, 함경도, 평안도의 8도 행정체계에서 유래한다. 8도는 1413년(태종 13년)에 확립된 조선 왕조시대의 행정체계였다.

8도가 남북으로 나뉜 것은 갑오개혁 때부터다. 8도와 남북 분할의 행정체계는 일제와 건국을 거치면서 그대로 유지되어 왔다. 특별시와 광역시가 추가됨으로서 우리나라는 현재 1특별시 - 6광역시 - 9도 체제가 만들어졌다.

이와 같이 조선 왕조시대 만들어진 골격을 그대로 유지해 온 지역의 경제는 도경계를 중심으로 개발계획이 이루어졌다. **경제발전 구도도 지금까지 도별 경제구조 중심으로 형성되었다. 대부분의 지**

역주민들은 도 단위의 의식(지방 의식)구조를 가지고 행정, 건설, 정치 등이 행해지고 있다.

우리나라의 지방과 지역주민들의 생활공간은 서구와 같이 교회와 場이 서는 廣場을 중심으로 한 마을 공동체를 가져 본 일이 없다. 과거 조선의 마을은 유럽의 코뮌이나 게마인데(Gemeinde) 같은 마을 단위의 공동체 형 기초지방자치단체가 아니었다.

우리나라는 옛날부터 지역단위와 군 단위의 2층 구조로 존재했다. 도 단위는 기능면에서 지역 단위보다 못했다. 군 단위는 규모면에서 유럽의 군 단위보다 못했다.

한국의 마을은 일제시대 까지만 해도 대부분 집성촌을 이루며 살았다. 지금도 집성촌의 잔존이 남아있다. 예를 들면 황해도 연백군 금산면에는 조씨가 집성촌으로 친척들이 모여 살았다. **집성촌은 핏줄로 이은 혈통에서 동질성을 유지했지만 대외적으로는 뿌리 깊은 폐쇄성이 자라잡고 있었다. 이 같은 전통은 현대에 와서 영향력이 상당히 떨어졌지만 아직도 작동하고 있는 실정이다**(지연, 연고지에 근거한 학맥, 연맥 등의 폐쇄적 울타리).

한국은 조선시대의 행정구역의 골격을 유지한 현재의 행정구역은 도와 시, 군읍면의 계층구조로서 크게 3계층 구조로 짜여 있다. 이와 같이 행정구역에 따른 지방과 지역의 주민들은 과거 전통을 이어받으며 자신들의 출신 지역에 대한 빗나간 지역주의에 젖어 타 지역에 대한 맹목적이고 배타적인 국수주의적 혐오증에 갖는다.

한국의 지방자치는 1995년 이후 실시되었다. **전국의 자치단체는 246곳(광역시 도 16곳과 시군구 230곳)으로 공무원 수만 2400명이 넘는다.**

유럽의 지리적인 행정구역 즉 지역 경계는 지역(region, Land), 군(provincia, Kreis, department), 시 읍 면(commune, municipio, Gemeinde)의 3층제 형태가 일반적인 구조를 이루고 있다.

최근 들어서 유럽 각국의 지리적인 행정구조는 계층별로 분해하는 분권화 경향이 있지만 실제 행정운영은 작은 지방끼리 통합하여 큰 구역별로 운영한다.

유럽 국가들은 모두 연방국가로서 지역경계는 일반적으로 크게 독립된 주 단위로 지역경계를 나누고 있다. 영국은 잉글랜드, 웨일스, 스코틀랜드, 북아일랜드의 4개 지역으로 나누고 각 지역에 2층 또는 단층의 지방계층구조를 이루고 있다. 아일랜드는 26개 카운티의 단일 지방계층구조를 가지고 있다. 프랑스는 22개 지역을 8개의 도시공동체로 묶었다.

서구에서는 기초 단위는 마을이다. 기초 단위의 마을은 마을 중심지에 교회와 시청(또는 행정 건물) 중심으로 한 주변으로 거주 단위를 형성한다. 시청(또는 지방 행정건물)은 거의 대부분 마을의 중심지에 자리 잡고 있고 시청(또는 지방 행정건물) 앞에는 광장이 있다.

광장에서는 재래식 市場이 주기적으로 열린다. 소위 광장市場은 과거부터 내려오는 전통이다. 시장은 대부분 치스, 채소, 빵, 소세지, 꽃 등 주로 농산물을 판다. 서구의 코뮌(Kommune)이나 게마인데(Gemeinde)는 마을 단위의 공동체이다. 이들 공동체는 기초지방자치단체로서 자치행정을 독자적으로 이끌어 왔다.

한국의 경우, 과거의 지역개발은 철저하게 불균형개발정책이 추구되었다. 그 결과 1990년대에 들어서면서부터 과거 불균형 개발에 따른 문제점을 개선하고 지방 지역의 지역특화를 발전시키는 방향으로 선회되었지만 불균형개발 정책은 여전히 계속되었다. 자립형 지방화의 달성과 일극 집중에서 다극 분산의 분권·분산 체제로의 전환은 환상에 불과하였다.

1950년대까지는 국가 건설(nation building)이 지상 과제였다. 1960년대는 절대빈곤으로부터의 탈출이 급선무였다. 1970년에는 경제성장이 최대 목표였다. 1980년대는 그 동안 일구어 온 산업화 이후 민주화의 쟁취가 확산되는 시기였다. 1990년대는 글로벌화의 급진적인 변화 과정에서 치열한 국가 경쟁력과 기업의 국제경쟁력 강화가 급선무였다.

지난날 고도 경제성장을 추구해 오는 과정에서 국토개발은 제 1~3차 국토 종합 개발을 설정하여 시행해 왔다. 1~3차 국토 개발 계획은 목표에서 상당 부분 실패하였으며 지역 간 편차만 심화되었다. 2, 3차 계획의 목표는 지역 균형개발이었음에도 불구하고, 사실상 주요 지역을 중심으로 한 거점개발이 이루어 졌다. 이와 같은 지역불균형개발정책은 2000년대까지 지속되었다.

한국의 지역개발정책은 1960년대부터 2000년대에 이르기까지 계속된 가운데 급속한 성장을 위한 거점개발 방식의 수출 주도형 경제성장 모델을 추구함에 따라 대기업의 역할 비중이 커지는 결과를 낳았고, 이는 대기업의 성장에 초점을 맞춘 거점개발이 이루어졌다.

지역불균형개발정책은 산업기반이 갖추어진 곳을 중점 개발하는 거점개발 방식이다. 이 방식은 투자효과의 극대화와 자원 투입 지역의 성장을 가져온다. 그러나 거점지역의 성장효과가 여타 지역으로 파급되지 않을 때에는 지역격차를 더욱 심화시키고 도시 과밀화를 초래한다.

지역불균형개발정책은 자연히 과밀현상과 과소현상을 불러 일으켰고 자원의 효율적 이용을 저해해 왔다. 이것은 더 나아가 자원이용의 낭비시켜왔다. 또한 국민 전체의 복지향상을 저해하는 암적인 요인이 되고 있다. 지역감정의 유발 등 국민화합을 저해하고 정치적 사회적인 불안을 일으키는 첨예한 문제가 된다.

지역 균형 개발 방법은 경제 기반이 뒤떨어진 지역에 우선적으로 투자하여 지역 간의 고른 발전을 유도하는 방식이다. 이 접근은 지역 주민의 욕구와 지역 간의 고른 발전을 가져오고 지방자치체에 적합하며 자본의 효율적인 투자 측면에서 단기적인 문제가 발생하지만 장기적으로 성장기반을 강화한다.

그러나 지난 40년 동안 추진되어 온 전략적인 지역개발이 추진되어 온 결과 부동산 가격 상승률에서도 극명한 차이를 드러내고 있다. 서울 수도권 지역에 개발이 집중된 결과 서울 수도권은 부동산 가격이 타 지역과 비교할 수 없을 정도로 꾸준히 급등했다. 반면 소외된 지역은 땅 값 상승률이 극히 저조하였다.

지역 개발의 혜택을 입지 못한 지역은 다른 지역에 비해 부동산 가격수준이 상대적으로 매우 낮다. 그 동안 개발된 지역은 부동산 가격 상승에서 얻은 재산소득 증식에서 혜택을 입었다. 그 덕택으로 수혜 지역 주민들은 지난 개발 경제시대에 향상된 생활수준을 향유할 수 있었던 것이다.

지가와 공시지가 상승률

지역	지가	공시지가
서울	9.2%	15.4%
인천	5.6%	12.9%
경기	5.1%	13.7%
경북	2.5%	6.3%
대구	4.2%	10.1%
경남	2.6%	6.1%
부산	2.5%	4.0%
울산	2.9%	12.9%
충북	4.4%	6.5%
충남	5.5%	6.5%
대전	4.2%	6.5%
전북	1.3%	3.1%
전남	1.9%	3.0%
광주	1.4%	3.7%
강원	2.5%	5.6%
제주	2.1%	4.7%
전국	5.6%	12.4%

주) 지가 상승률 2006년, 공시지가 상승률 2007년
매일경제, 2007.2.28

호남지역은 지가와 공시지가 상승률은 타 지역에 비해 모두 낮았다. 호남 지역에 살고 있는 주민들은 지역개발정책에서 소외됨으로서 지가 상승에서 얻을 수 있는 기회를 잃었다.

1960년대 이후 지금까지 포항, 창원, 울산, 부산 등 남동해안과 구미, 대구 등 남동내륙의 공업벨트를 축으로 한 개발전략이 한국

경제발전의 핵심지역으로 자립 잡았고 한국 경제구조의 핵심지대로 변신했다.

2000년대 들어 한국 경제는 서해안고속도로 건설과 중국 시장의 부상으로 서해안공업벨트가 서서히 형성되면서 발전의 축이 분산되는 변화 조짐을 보였지만 2008년 이후 다시 이명박 정부에 의해 동남권과 수도권 영역의 개발전략으로 회귀하였다[매일경제, 2007.5.2].

지난 경제발전 과정에서 대기업 유치로 최대의 수혜를 입은 동남권 지역의 주요 거점 도시들은 월등하게 서남권이나 서해안 권역에 비해 많다.

경남 거제시의 경제는 가장 대표적인 발전의 본보기이다. 거제시는 2007년 주민 1인당 소득은 3만 달러를 넘었다. 거제 시 인구는 2000년 17만5천 명에서 2006년 10월 말 20만 명으로 증가했다. 인구는 매달 400~500명씩 늘었지만 실업률은 2.3%로 전국 평균(3.7%)보다 훨씬 적다. 거제 전체 7만 가구에 자동차가 6만5000대다. 다른 지방은 인구가 계속 줄어들고 있는 사정과는 대조적이다[조선일보 , 2007.4.17].

이러한 사정은 삼성중공업과 대우조선해양 등의 조선업체와 관련 중소기업의 지역경제발전의 기여가 절대적으로 작용했다. 두 업체 근로자만 4만8천 명이 넘는다. 거제 시 인구의 4분의 1에 해당한다. 이들의 평균 연봉은 6천만 원으로 2006년 도시 근로자 평균 연봉 3600만원보다 60% 이상 높다. 조선업 호황이 일자리를 늘리고 인구 유입을 증가시킨 것이다[조선일보, 2007.4.17].

거제시 경제에서 볼 수바와 같이 대기업 존재가 지역경제 발전에 결정적으로 중요한 요소이다. 전국 경제의 고른 발전을 위해서는 우량기업이 지방에 적재적소에 배치되어야 하고 세계적인 선도기업으로 육성되어야 지역의 경제도 살고 인구 이탈도 막을 수 있다[조선일보 사설, 2007.4.17].

수도권 지역과 영남권 지역 그리고 일부 중부권 지역은 지역경제 개발 촉진과 대기업 정착 덕택으로 인구 유출이 최소한의 현상 유지를 넘어설 수 있었다.

그러나 호남지역 경제는 일제 시대를 제외한 해방 이후 경제발전 과정에서 정부의 불균형개발정책으로 장시간 소외되었다. 특히 박정희 정부의 개발계획시대에 들어서면서 지역개발 소외 현상은 가속화되었다.

공장 유치와 인프라스트럭처 건설이 지역발전에 얼마나 중요한 것인가는 2000년대 서해안고속도로 주변에 공장이 들어서면서 나타난 지역발전의 모습이 잘 보여주고 있다.

수량적인 경제발전이 질적인 경제 변화를 가져오고 물질적 환경 변화가 문화적 정신적 환경에 지대한 영향을 미친다는 사실은 당진, 울산, 창원 등의 경제발전이 잘 보여주고 있다.

최근 발전하는 대표적인 곳이 당진이다. 당진 인구는 1997년 11만 명에서 매년 2000명씩 줄어들었지만 2004년부터 다시 늘어나는 추세로 전환되었다(2006년 12만7200명). 이 같은 변화는 2004년 현대제철이 한보철강을 인수한 뒤부터 많은 공장이 들어서면서부터 시작되었다.

당진으로 들어오는 기업들은 2005년 107개, 2006년 105개가 유치되었다. 2007년에도 평균 4일에 1개 기업 꼴로 들어서고 있다. 당진을 향한 기업러시로 지역총생산(GRDP)에서 농업 비중이 3년 사이 43%에서 30%로 떨어졌다[매일경제, 2007.5.2].

당진 이외에도 서해안고속도로를 따라 인천(항만), 평택(항만), 천안(첨단산업), 아산(LCD), 당진(철강), 서산(유화), 군산(자동차), 목표(조선)로 이어지는 서해안 공업 벨트가 구축되고 있다. 서해안 벨트 발전 인프라스트럭처는 서해안고속도로이고 추동력은 중국의 거대시장의 부상이 자리 잡고 있다[매일경제, 2007.5.2].

부 록

| 부 록 1 | 인구 통계

한반도 인구 추이 (단위: 명)

연도	인구	기타 연구
1395(태조 4년)*	322,746	
1639(인조 17년)	1,551,165	
1651(효종 2년)	1,810,484	
1660(현종 1년)	2,479,658	
1669(현종 10년)	5,018,744	5,018,000(1669년)
1681(숙종 7년)	6,218,342	
1690(숙종 16년)	6,952,907	
1699(숙종 25년)	5,774,739	
1711(숙종 37년)	6,394,028	
1721(숙종 47년)	6,799,097	6,846,000(1717년)
1732(영조 8년)	7,273,446	
1741(영조 17년)	7,192,848	
1750(영조 26년)	7,328,867	7,298,000(1753년)
1759(영조 35년)	6,968,856	
1777(정조 1년)	7,338,523	
1789(정조 13년)	7,403,606	7,228,000(1781년)
1807(순조 7년)	7,561,403	
1837(현종 3년)	6,708,529	6,595,000(1816년)
1852(철종 3년)	6,810,206	6,810,000(1852년)
1864(고종 1년)	6,828,521	
1904(광무 8년)	5,928,802	
1906(광무 10년)	5,793,976	
1907(융희 1년)**	9,781,671	
1909(융희 3년)***	13,090,856	

주) *경오부의 조사가 누락되었음. 문헌비고에는 태종 4년으로 되어 있음
**일본경찰 고문부 조사 ***조선총독부 통계연보에 의함

자료: 한국지지 총론, 1980년, P.454, 기타; 방동인, 인구의 증가, 한국사 13, 1974년 참조함.

서울인구 추이

연도	거주자수
1428	103,328
1660	200,000
1881	199,100
1890	192,900
1899	211,200
1902	196,600
1906	230,900
1910	278,958
1915	241,085
1920	250,208
1925	336,349
1930	355,426
1935	404,202
1940	930,547
1944	947,630
1949	418,025
1952	648,432
1955	1,574,868
1960	2,445,402
1966	3,793,280
1970	5,433,198
1975	6,889,502
1980	8,364,379
1985	9,639,110
1990	10,612,577
1995	10,231,217
2000	9,895,972
2005	10,349,312

경제 활동인구 (단위: 천명)

1960	1961	1962	1963	1964	1965	1966	1967	1968	1969
-	-	-	8,230	8,341	8,754	8,957	9,180	9,541	9,747
1970	1971	1972	1973	1974	1975	1976	1977	1978	1979
10,062	10,407	10,865	11,389	11,900	12,193	12,911	13,316	13,849	14,142
1980	1981	1982	1983	1984	1985	1986	1987	1988	1989
14,431	14,683	15,032	15,118	14,997	15,592	16,116	16,873	17,305	18,023
1990	1991	1992	1993	1994	1995	1996	1997	1998	1999
18,539	19,109	19,499	19,806	20,353	20,845	21,288	21,782	21,428	21,666
2000	2001	2002	2003	2004	2005	2006	2007		
22,069	22,417	22,877	22,916	23,370	23,689	23,934	24,166	-	-

주: 구직기간 1주일 기준
자료: 통계청

경제 활동 참가율 (단위 : %)

1960	1961	1962	1963	1964	1965	1966	1967	1968	1969
			56.6	55.7	57	56.9	56.9	58	57.8
1970	1971	1972	1973	1974	1975	1976	1977	1978	1979
57.6	57.4	57.7	58.4	58.9	58.3	59.7	59.4	59.9	59.5
1980	1981	1982	1983	1984	1985	1986	1987	1988	1989
59	58.5	58.6	57.7	55.8	56.6	57.1	58.3	58.5	59.6
1990	1991	1992	1993	1994	1995	1996	1997	1998	1999
60	60.6	60.9	60.9	61.6	61.9	62.1	62.5	60.6	60.6
2000	2001	2002	2003	2004	2005	2006	2007		
61	61.3	61.9	61.4	62	61.9	61.7	61.7	-	-

주) 구직기간 1주일 기준
자료: 통계청

비경제 활동인구 (단위: 천명)

1960	1961	1962	1963	1964	1965	1966	1967	1968	1969
			6,321	6,627	6,613	6,796	6,941	6,915	7,105
1970	1971	1972	1973	1974	1975	1976	1977	1978	1979
7,407	7,711	7,954	8,101	8,287	8,726	8,718	9,090	9,281	9,646
1980	1981	1982	1983	1984	1985	1986	1987	1988	1989
10,032	10,417	10,605	11,094	11,865	11,961	12,109	12,082	12,298	12,242
1990	1991	1992	1993	1994	1995	1996	1997	1998	1999
12,348	12,426	12,521	12,720	12,693	12,814	12,986	13,070	13,919	14,092
2000	2001	2002	2003	2004	2005	2006	2007		
14,118	14,162	14,086	14,424	14,347	14,610	14,828	15,004	–	–

주) 구직기간 1주일 기준
자료: 통계청

취업자 (단위: 천명)

1960	1961	1962	1963	1964	1965	1966	1967	1968	1969
–	–	–	7,563	7,698	8,112	8,325	8,624	9,061	9,285
1970	1971	1972	1973	1974	1975	1976	1977	1978	1979
9,617	9,946	10,379	10,942	11,421	11,691	12,412	12,812	13,412	13,602
1980	1981	1982	1983	1984	1985	1986	1987	1988	1989
13,683	14,023	14,379	14,505	14,429	14,970	15,505	16,354	16,869	17,560
1990	1991	1992	1993	1994	1995	1996	1997	1998	1999
18,085	18,649	19,009	19,234	19,848	20,414	20,853	21,214	19,938	20,291
2000	2001	2002	2003	2004	2005	2006	2007		
21,156	21,572	22,169	22,139	22,557	22,856	23,151	23,433	–	–

자료: 통계청

실업자 수 (단위: 천명)

1960	1961	1962	1963	1964	1965	1966	1967	1968	1969
434	–	–	705	683	677	666	590	496	471
1970	1971	1972	1973	1974	1975	1976	1977	1978	1979
446	461	486	447	479	502	499	504	437	540
1980	1981	1982	1983	1984	1985	1986	1987	1988	1989
748	660	653	613	568	622	611	519	436	463
1990	1991	1992	1993	1994	1995	1996	1997	1998	1999
454	460	490	572	505	431	435	568	1,490	1,375
2000	2001	2002	2003	2004	2005	2006	2007		
913	845	708	777	813	833	783	733	–	–

주)1960~1970년 실업자는 표본조사에 의해 파악.
자료: 통계청

| 부 록 2 | 일제시대 농가 호수 및 인구, 경지면적

1924년 도별 농가 호수 및 인구 수 (대정 13년 말, 단위 ; 명, 호)

도별	일본인	조선인	기타
경기	1425/5,942	236,736/1,269,068	286/1,051
충북	163/567	131,404/679,337	21/51
충남	633/2,637	177,086/942,832	70/194
전북	1,392/5,615	203,128/1,050,300	71/238
전남	1,575/6,312	336,219/1,663,073	26/90
경북	1,134/5,056	328,012/1,746,561	49/171
경남	1,898/7,985	277,359/1,463,353	15/46
강원	94/317	195,558/1,063,294	165/650

자료; 조선연감 1926년도(대정15년도), 고려서림, 1992

1924년 도별 농가 호당 인구수 및 인구 수 (단위 ; 명, 호)

도별	일본인	조선인	기타
경기도	1425/5942	236,736/1,269,068	286/1,051
호당 인구수	4.170	5.361	3.675
충청도	796/3,204	208,490/1,622,169	91/245
호당 인구수	4.025	7.781	2.692
전라도	2,967/11,927	539,347/2,713,373	97/228
호당 인구수	4.020	5.031	2.351
경상도	3,032/13,041	605,371/3,209,914	64/217
호당 인구수	4.301	5,302	3.391
강원	94/317	195,558/1,063,294	165/650
호당 인구수	3.372	5.437	3.939

자료; 조선연감 1926년도에서 필자 계산함

1924년 경영별 농가 호수 (단위; 호)

도별	지주(갑)	지주(을)	자작	자작 겸 소작	소작
경기	3,630	8,645	20,493	75,424	130,255
충북	42	3,776	26,885	49,827	60,689
충남	709	4,582	14,841	61,388	96,269
전북	351	2,392	11,698	52,682	137,468
전남	605	4,921	64,329	134,064	133,901
경북	1,133	8,408	55,604	144,546	119,504
경남	844	6,575	37,293	93,622	140,938
강원	727	6,314	59,528	75,390	53,717

자료; 조선연감 1926년도(대정15년도), 고려서림, 1992

식민지시대 조선은 농업이 압도적으로 지배하였다. 당시 전라도의 전답 및 경지면적(1924년 기준)은 경상도보다 컸다.

1924년 경지면적 (단위; 정)

도별	답	전	합계
경기도	198,955	186,249	385,204
충청도	229,298	172,392	401,690
전라도	369,843	276,138	645,979
경상도	353,080	223,781	576,861
강원도	80,143	250,828	330,971

주) 답은 1모작과 1모작을 포함함.
자료; 조선연감

1914년 도별 畓 면적 (단위; 정)

도별	자작 답	소작 답
경기도	54,741	144,214
충청도	69,419	159,979
전라도	117,396	252,446
경상도	139,571	144,284
강원도	41,765	38,378

자료; 自作 畓과 小作 畓을 합산 면적임. 1914년은 대정 3년임. 조선연감에서 필자 계산

1914년 田 면적 (단위; 정)

도별	자작 전	소작 전
경기도	65,390	30,859
충청도	82,231	90,163
전라도	171,598	104,540
경상도	278,122	173,563
강원도	177,728	73,100

자료; 1914년은 대정 3년임. 조선연감에서 필자 계산

자작 및 소작 면적 (1914년, 단위; 정)

도별	自作 畓 / 田	小作 畓 / 田
경기도	54,741/65,390	144,214/30,859
충청도	69,419/82,231	159,979/90,163
전라도	117,396/171,598	252,446/104,540
경상도	139,571/278,122	144,284/173,563
강원도	41,765/177,728	38,378/73,100

자료; 1914년(대정 3년). 조선연감에서 필자 계산

1914년 자작 및 소작 면적 (단위; 정)

도별	자작(畓/田)	소작(답/전)
경기	54,741/65,390	144,214/30,859
충북	25,882/39,431	43,353/49,208
충남	43,537/42,800	116,626/40,955
전북	34,835/28,838	132,412/39,176
전남	82,561/142,760	120,034/65,364
경북	82,425/100,394	105,906/100,463
경남	57,146/177,728	38,378/73,100
강원	41,765/177,728	38,378/73,100

자료; 조선연감

도별 경지면적(1924년) (단위; 정)

도별	답	전	합계
경기도	198,955	186,249	385,204
충북	69,235	88,639	157,874
충남	160,063	83,753	243,816
충청도	229,298	172,392	401,690
전북	167,248	68,014	235,261
전남	202,595	208,124	410,718
전라도	369,843	276,138	645,979
경북	188,331	200,857	389,188
경남	164,749	112,924	277,674
경상도	353,080	223,781	666,862
강원도	80,143	250,828	330,971

주) 답은 1모작과 2모작 포함함.
자료; 조선연감, 경상도; 전체 면적 수정 확인 요망

도별 경지면적 비중(1924년) (단위; %)

도별	답	전	합계
경기도	16.16	16.79	16.46
충청도	18.62	15.54	17.16
전라도	30.04	24.89	27.60
경상도	28.67	20.17	24.64
강원도	6.51	22.61	14.14
전 국	100.00	100.00	100.00

자료; 조선연감, 경상도 전체 면적 수치 필자 수정

전국 100정보 이상 지세납입 자 호수

연도	조선인	일본인	총계
1918년	328	404	732
1922년	327	480	807
1926년	391	543	934
1930년	354	548	902
1936년	385	561	946

자료; 장시원, 1989년, 54쪽 재인용

內地人(日本人) 農業者 累年表

年次	人	지수	전농업인 대비 %
1910년	6,892	100	0.07
1914년	35,453	514	0.26
1919년	40,868	593	0.28
1924년	39,533	574	0.27
1930년	45,903	666	0.29

주) 1910년; 명치43년, 1914년; 대정 4년, 1919년; 대정 9년, 1924년; 대정 14년, 1930년; 소화 5년

자료; 조선연감 1931년

1932年(소화7년) 內鮮別 地主 數

面積	內地人(日本人)	朝鮮人
10정보 이상	192	290
50정보 이상	1,439	270
100정보 이상	760	240
500정보 이상	32	27

자료; 조선연감

저자약력

저자 양 종 기(梁 鍾 基)

- 연세대학교 경제학과, 학사
- 독일 자유 베를린 대학교 Diplom-Volkswirt
- 독일 자유 베를린 대학교 경제학 박사
- 서경대학교(구 국제대학) 전임교수
- 현재 E&I Center 대표

❐ 저서와 주요 논문 및 연구보고서

- Die Crowding-Out Problematik im Rahmen der Kurz-und Langfristigen Analyse, Peter Lang, 1987(mana cum laude; 최우수 박사 논문).
- 위기가 기회다, 공저, 다산출판사, 1998년
- 기관투자가의 자산운용(공저), 국민연금연구센터, 1998년
- 한국의 자본시장과 경제발전(공저), FESKOR SYPOSIUM, 1988년
- 경제의 이해, 원출판사, 2007년
- 거시경제학, 원출판사, 2008년
- 화폐금융 국제금융, 원출판사, 2009년
- 시장경제와 경제이론, 원출판사, 2009년
- 알기 쉬운 투자론, 신론사, 2010년
- 경기 안정화와 재정지출 및 통화정책, 경상논총, 1987년
- 한국의 자본시장과 경제발전, 경상논총, 1988년
- 환율결정과 그의 변동, 투자금융, 1989년
- 토빈의 Q이론과 통화 및 공채 발행의 국민 경제적 파급 효과, 투자금융, 1989년
- 독일 지방재정과 지방의회에 대한 연구, 지원연구논문, 1992년
- 독일 연방과 주 및 게마인데(Gemeinde)의 공채관리에 관한 연구, 지원연구논문 1992년
- 스위스, 독일, 영국의 금융제도에 대한 비교 연구, 지원연구논문, 1995년
- 기관투자가의 자산운용, 지원연구 보고서, 1998년
- 독일 연방과 주 및 게마인데(Gemeinde)의 공채관리에 관한 연구, 연구보고서, 1992년
- 공채발행을 통한 재정금융정책의 효과에 대한 고찰, 한국산업 연구, 1992년
- 미국 단기금융시장에 관한 소고, 투자금융, 1994년
- 多資産市場, 實物市場, 財政政策, 서경대학교논문집, 1994년
- 스위스, 독일, 영국의 금융제도에 대한 비교 연구, 지역연구, 1996년
- 공채발행의 국민 경제적 파급 효과, 서경대학교 논문집, 1996년
- 유럽의 자산관리업과 은행 진출의 동향, 금융, 2002년
- 유럽금융의 구조적 특성과 은행대출경로, 산업경영연구, 2002년
- 최근 미국 은행산업의 변화와 추이, 금융, 2003년
- 재정정책이 경제성장에 미친 이론적인 고찰, 사회과학논문집, 2007년
- 한국경제는 정상적인 시장경제인가?, 2013년
- 국민행복시대는 열릴 것인가?, 도서출판 ONE, 2013년
- 달러와 한국경제, 도서출판 ONE, 2013년
- 한국의 부동산경제, 도서출판 ONE, 2013년
- 한국경제와 한국주식 투자, 도서출판 ONE, 2014년
- 세계경제 속 한미경제, 도서출판 ONE, 2014년

[양종기 박사의 경제이야기_7] **한국경제와 생활환경**

초판 인쇄 • 2015년 4월 10일
초판 발행 • 2015년 4월 16일
저 자 • 양 종 기
발 행 인 • 정 성 열
발 행 처 • 도서출판 ONE
주 소 • 서울특별시 마포구 토정로 222
등 록 • 제313-2003-427호
전 화 • 02-323-8536
팩 스 • 02-323-8531

저자와의 협의하에 인지생략

ISBN 978-89-6481-249-5

정가 15,000원

- http://one-book.co.kr